别怕，会有办法

关键时刻女孩如何保护自己

郝惠珍 ———— 著

民主与建设出版社

·北京·

© 民主与建设出版社，2022

图书在版编目（CIP）数据

别怕，会有办法：关键时刻女孩如何保护自己 / 郝
惠珍著 . -- 北京：民主与建设出版社，2022.9
ISBN 978-7-5139-3948-5

Ⅰ . ①别… Ⅱ . ①郝… Ⅲ . ①女性－自我保护 Ⅳ .
① C913.68

中国版本图书馆 CIP 数据核字 (2022) 第 160005 号

别怕，会有办法：关键时刻女孩如何保护自己
BIEPA HUIYOU BANFA GUANJIAN SHIKE NÜHAI RUHE BAOHU ZIJI

著　　者	郝惠珍	
责任编辑	郭丽芳　　周　艺	
封面设计	FANN	
出版发行	民主与建设出版社有限责任公司	
电　　话	（010）59417747　　59419778	
社　　址	北京市海淀区西三环中路 10 号望海楼 E 座 7 层	
邮　　编	100142	
印　　刷	唐山富达印务有限公司	
版　　次	2022 年 9 月第 1 版	
印　　次	2022 年 9 月第 1 次印刷	
开　　本	880 毫米 × 1230 毫米　　1/32	
印　　张	9	
字　　数	147 千字	
书　　号	ISBN 978-7-5139-3948-5	
定　　价	58.00 元	

注：如有印、装质量问题，请与出版社联系。

前言

"别怕，会有办法！"

这是我最想告诉每一位女孩子的话。这里的"法"，指的就是"法律"。

作为一名有着 35 年执业经验的女律师，我见过太多女孩子在遇到困难时，不知道该如何保护自己，一提起法律维权就打怵。一方面，她们觉得还不到需要打官司的程度，所以要么私下处理，要么一忍再忍；另一方面，她们认为打官司是一件特别麻烦的事情，找律师、搜集证据、了解法律条文等一系列流程，既费时又费力。因此，在遇到困难的初始期，她们往往会选择对法律维权敬而远之，但如此一来，问题不仅没有被及时解决，反而持续发酵，给自己造成了更大伤害，有的女孩子走投无路，甚至选择了轻生……

其实，法律并没有你想象的那么冷冰冰；运用法律手段为自己维权，也并没有你想象的那么复杂。

我们都希望和伴侣两情相悦，携手步入婚姻殿堂；希望家庭和谐美满，兄弟姐妹感情深厚；希望工作上所付出的努力能够有所回报……然而现实生活却常常事与愿违：当感情破裂时，分手也要面临很多利益纠葛；当婚姻解体时，要为子女的抚养权问题争执不休；当遭遇职场骚扰时，当买房被骗时，当医美手术失败时……我们希望所经历的事情都能一帆风顺，可现实总是那么不留情面，危险也在悄悄靠近。

所以，我希望送给大家一本书，一本可以让大家从中找到同感、找到安慰、找到办法、找到结论的书。当受到伤害时，你可以第一时间想到用书中的方法保护自己；当一切顺利时，它也能够留在枕边以备不时之需，给你足够的安全感。

这本书针对日常生活中困扰女性较多的财产权、人身权、劳动和社会保障权等方面的问题，从工作和生活中的诸多场景出发，讲述了面临这些问题时，怎么用法律武器为自己争取权益。教你一步步从面对问题不知所措、嫌打官司麻烦又丢脸、私了隐忍、委曲求全，到自强自立、学会用法律保护自己，以及留存证据、打赢官司等。

你可以从"引言"中了解真实的社会现象，在"案例"

中发现自己的缩影，从"会有办法"中学习法律知识。相信这些内容可以从法律角度，填补你的自我保护意识盲区，让你的生活多一份保障。

　　感谢团队成员的大力支持，是他们让这本书顺利出版。由于时间紧、事务多，本书可能存在一些不足之处，在此诚挚欢迎广大读者批评指正。

　　希望广大女性读者在阅读本书之后，都能够行动起来。在这个女性拥有更多对爱情、婚姻、职业等人生选择权的"她时代"，也许一个女孩的力量很微弱，但点点光亮就能汇聚成璀璨星河。让我们一同努力，积攒不可小觑的"她力量"，在遇到伤害时勇敢发声，把命运牢牢掌控在我们自己手里，努力活出独立、自信、安稳的自己，好吗？

　　记住，当你被生活中的问题所累或权益受到侵害时，法律，就是你的铠甲！

郝惠珍
2022 年 9 月于北京

特别鸣谢

感谢为本书出版辛苦付出的创作团队成员：徐晓芳、王月华、郭慧敏、李慧莹、马朵朵。在此向各位表达诚挚的谢意。

目 录

第五章 | 生活虽然琐碎，但也有规则

第一章

"

/

别傻傻地被爱情冲昏头脑

1.1

男朋友和我分手后，亮出转账记录要我还钱怎么办？

【引言】

不久前，歌手霍某因被前女友陈某发声指责对感情不忠，从而事业大受挫折，后宣布退出娱乐圈，并在退出前留下长文。这一举动非但没有得到网友的同情，反而被骂得惨不忍睹。之后霍某借朋友之手发出恋爱期间给女方的转账记录，意图证明男方在两人关系中的付出。在这些时间跨度长达几年的聊天记录中，霍某向女方的转账次数很多，每次都是几千元。霍某此举目的并非要求女方返还钱财，但这也给广大女性提了个醒，交往分手后，男方是否有权凭借转账记录要求女方返还这些钱财？今天我们就通过一个真实的案例进行分析。

【案例】

2019 年，在一次活动中孙先生与吴女士相识，两人一见钟情，很快就确立了男女朋友关系并同居生活。两人共同生活期间，孙先生通过微信多次向吴女士转账，但好景不长，两人因性格不合经常吵架，相处不到一年就分手了。分手后吴女士将孙先生的微信拉黑，并屏蔽了其所有联系方式。孙先生心生不甘，认为既然结不了婚，两人的关系一定要说清楚。孙先生想同居一年多自己先后向吴女士转账 2 万余元，虽然分手，但钱不能损失，于是向北京某区人民法院起诉，要求追回恋爱期间的全部经济损失。包括：2019 年 8 月吴女士提出要给自己的女儿交学费，孙先生转账 8000 元；2019 年 11 月吴女士想换工作，孙先生转账 2600 元用于吴女士参加培训的费用；2020 年三八妇女节前夕孙先生陪吴女士逛街时，花 2500 元购买的化妆品；孙先生还向吴女士转账 3060 元用于共同生活；春节期间孙先生给吴女士的女儿六个红包，共计 6600 元。孙先生认为，上述款项均属借贷性质，吴女士应当全部偿还。对此，吴女士十分气愤地表示：孙先生转账 8000 元给女儿交学费是他为了追求自己而向女儿示好的赠与，不属于借贷；转账 2600 元用于岗前培训，目的是孙先生希望自己换个工作日后好照顾他的生活，不是借款；至于共同生活期间的转账，钱都花在了两人身上，自己没占便宜；另外2019年9月自己也向孙先生转账2000元，共同生活期间自己承担了大部分照料家务的责任，这部分工作又该如何折合成金钱计算呢？因此吴女士不同意返还。

人民法院审理后认为：孙先生主张的给吴女士的女儿交学费的8000元，以及用于吴女士参加培训的2600元，孙先生认为是借贷，而吴女士虽然主张用于双方共同生活，但并未提出确凿充分的证据，孙先生亦没有赠与的意思表示，因此应当认定为借贷，吴女士负有偿还义务。关于孙先生主张的其他几笔小额转账，孙先生没有提交证据证明上述款项系借款，吴女士主张系双方共同生活的支出。法院综合考虑转账数额、双方共同生活情况、款项用途等，对孙先生所称转账是借款的主张，不予认可。关于孙先生为吴女士购买化妆品的2500元，综合考虑双方共同生活情况及款项用途，法院认为孙先生在与吴女士共同生活期间为吴女士购买化妆品的行为应当属于赠与行为。关于孙先生向吴女士女儿发的6600元红包，也没有证据证明是借款，因此法院不支持其返还请求。关于吴女士主张曾向孙先生转账2000元，孙先生予以认可，法院判决该笔款项应抵扣欠款金额。最终，法院判决吴女士向孙先生偿还8600元。

这个判决中，除了孙先生给吴女士买化妆品、给吴女士女儿的新年红包、日常生活中的小额转账，以及其他未明确赠与意思的钱财外，都被认定为借贷，需要吴女士返还。而吴女士主张的在日常生活中对家务照料付出较多的方面，因为没有办法量化，因此不能抵扣。吴女士不但没有觅得良人，还赔了钱财！这给广大女同胞也提了醒，恋爱可以，被恋爱冲昏头脑可不行！如果遇到这样的情况我们该怎么办呢？律师告诉你会有办法！

【会有办法】

首先要明确，恋爱分手后哪些钱是可以返还的，哪些钱是不能返还的。要清清楚楚地恋爱，明明白白地往来。

1. 借款是要返还的。

借款有明确的借条、借据。如微信转账留言，或红包发放中描述为"借款"的，在款项支付前后的聊天中表明是"借款"的，如"亲爱的这是我借给你的钱，你拿去应急，不用急着还"。这就可以被认定为存在借贷合意及借贷关系，解除恋爱关系后，对方应当归还。用通俗一点的话来说就是"欠债还钱天经地义"。这种情况，法律上称为"民间借贷"。当然，主张是借款时，需提供充分证据，除了转账记录截图，还要有银行转账记录、借款前后的聊天记录、借条、借据等，证据越充分，越利于法官裁判。

2. 赠与和日常消费不用还。

具有特殊含义的转账，是不需要返还的。情侣不同于
普通的朋友，尤其是在网络时代，很多情侣都会在节日、
生日期间通过转账来表明爱意、表达祝福，如将金额为
"520、1314、666、888、999"的转账作为礼物赠与。
这种资金往来在合理限度内，且根据社交习惯及日常生活
经验，这种转账会被认定为恋人之间具有特殊意义的联络
感情的赠与行为，即使双方恋爱关系结束，赠与物也应属
于受赠人个人所有，因此一般不属于返还款项的范畴。

情侣之间购买的普通礼品、平时的消费不支持返还。
如一起旅行吃喝消费、生活用品的支出、互赠礼品等，根
据用途来看，这些明显区别于普通借贷，一般不支持返还。
但对于其他的赠与，如没有证据表明是借款，则有可能被
定性为赠与。但具体是无条件赠与还是附条件赠与，法官
则会根据具体案情，结合当地的经济状况等，自由裁量做
出判断。

水电网费、生活费等共同开销不用还。同居期间的水
电费不支持返还。如"该交房租了，转给我5000元吧""亲
爱的，给你这月2000元的生活费"。两人共同生活，关
系亲密，且多有经济往来，交友期间的经济往来不能必然
等同于借款，这部分费用不支持返还。

3. 以共同生活或缔结婚姻关系为目的的附条件赠与，数额较大的，应当返还。

恋爱双方解除恋爱关系后，因赠与而取得的财产应当返还。比如小张与小王在婚前同居并计划买新房，小张向小王转账 5 万元，并留言"买咱新家客厅沙发用"，这种情况一般会被认定为附条件的赠与，如果两人分手，这笔钱小王应当返还。

还有贵重物品如房、车、珠宝，如属于附条件的赠与，法律支持返还。在恋爱期间赠送的贵重物品，例如彩礼、珠宝、房、车之类的物品，则需要判断赠与人在赠与时是否出于结婚的目的，若以结婚为目的或因婚约而赠送的财物，则不属于一般赠与，而是附条件的赠与。也就是说男女双方若没有办理结婚登记或解除婚约，赠与的条件就无法兑现，赠送的财物应当返还。

4. 不当得利应当返还。

不当得利是指没有法定或约定的依据，同时使他人遭受损失而取得的利益。情侣之间的转账往往多而杂，金额大小不一。针对多数没有证据佐证的给付行为，不宜将涉案钱款性质简单认定为借贷或赠与。双方分手后共同生活或者缔结婚姻关系的目的已经不能达到，这就是法律上"没有合法依据取得的财产"，对这部分财产，取得方应当返还。

5. 彩礼支持返还的三种情形。

在我国男女双方谈婚论嫁时，男方往往需要给付女方钱财以表达订立婚姻的诚意，即俗称彩礼。法律对彩礼明确了三种可以返还的情形：（1）双方未办理结婚登记手续；（2）双方办理结婚登记手续但确未共同生活；（3）婚前给付并导致给付人生活困难。属于这些情况彩礼是可以要回的，如果到法院立案，案由是"婚约财产纠纷"。

6. 以恋爱为形式的骗钱骗色则构成刑事犯罪。

近年来借婚恋之名行诈骗之实的情形屡见不鲜，尤其是借助网络外衣包装自身形象，隐瞒或虚构事实，以非法占有为目的假装和你谈恋爱，实际上是为骗取你的钱财。达到法定数额的，就构成诈骗罪。因此无论男女都应当提高警惕防止上当。

面对这么复杂的情况，我们的应对办法是：

发红包要注意。知道了转账 520、1314、999 等特殊金额可能被认为具有特殊意义的赠与很难要回时，我们发红包时就要尽可能按照 1000、2000 的金额发放，少用"我爱你"等词汇备注，多使用"这是你要的钱"，这样分手时这些转账有可能会被认为是借款，为返还钱财创造条件。

收红包要注意，一旦收到转账，请记得回复"谢谢亲爱的，节日红包好喜欢"之类的话，以此锁定红包的赠与性质。

其实爱情里讲究的是你情我愿，情侣之间，想办法留转账痕迹和证据是次要的，主要是该学会经营感情，使彼此的情感进一步升温。

自由恋爱时代，每一段感情的开始，都是美好且炙热的！虽说我们不能保证相爱的伴侣能同你步入婚姻殿堂，但一定要相信大部分人在恋爱过程中一定是用心的、真心的，一切付出只为创造美好的未来。即使分道扬镳，也不能否认曾经真诚地相爱过，分开后也要保持体面，不必太计较得失，要为这段恋情写下完美的句号，使其成为美好的回忆。记住真情必有回报。

1.2

他表白被拒，在网上恶意诋毁我怎么办？

【引言】

2021 年 6 月，有网友爆料称某大学 17 名女生被同校一名男生恶意造谣。据悉，一名称呼为赵某的男生在半年时间内，伪造了大量和女性聊天的记录和裸照，并将这些内容在线上线下大肆传播。所有被造谣的女生的共同点是都曾拒绝过赵某的表白。受害女生将相关证据汇总后上报学院和警方。后赵某被行政拘留，并受到处罚，受害人要求其公开道歉，消除影响。此类事情屡见不鲜，无论是某学院外教因追求未果而奸杀女学生，还是女硕士拒婚遭同事砍杀，这些所谓"追求者"的行为真是让人不寒而栗。因此，我们提醒单身女性在遭遇追求时一定要提高警惕，既要学会婉言拒绝，还要在自身权益受到侵害时了解维权办法。我们还是从一个案例说起。

【案例1】

2021年4月，阿梅去理发店理发认识了理发师王先生，并对他产生了好感。阿梅了解到王先生单身就加了他微信，并多次在微信中视频聊天，发起追求。谁知阿梅的表白被王先生拒绝。遭拒后阿梅心生不忿，认为女生追男生，男生不给面子，于是起了报复之心。阿梅的报复手段很特别，她先关注了快手的美女主播马某，然后利用从王先生朋友圈下载的照片，冒充王先生与马某谈起了恋爱。两人在网上聊了一段时间后，相互产生了好感，于是约定见面。但是假冒王先生的阿梅并未赴约。察觉到被耍之后，马某也心生不满，在不知情的情况下，便利用王先生及其女儿的照片进行直播。王先生通过朋友转发的截屏图片才知道，自己"被恋爱"了。主播马某的影响力让自己的孩子也受到了牵连，于是王先生向平台进行了反映。经调查全过程后，王先生以侵犯肖像权、名誉权为由将阿梅、马某诉至人民法院，要求停止侵权、消除影响、赔偿损失、赔礼道歉。

人民法院审理后认为：公民的肖像权、名誉权受法律保护，任何人不得侵害，一旦受到侵害，当事人有权要求停止侵害，恢复名誉，消除影响，赔礼道歉，并可以要求赔偿损失。法院最终判决二被告自判决之日起在其微信账号上连续登录一周，向王先生及其女儿致赔礼道歉书，并分别赔偿原告精神损害抚慰金 1 万元。这是一个女追男的案例。

【案例 2】

张先生和王小姐是同一公司同一部门的同事。张先生一直暗恋王小姐，并自认为王小姐对其也早已芳心暗许。张先生觉得时机成熟了，就选择在 5 月 20 日那天约王小姐吃饭，他买了鲜花，带了巧克力，很认真地进行了表白。没想到王小姐说："我很佩服你的业务能力，所以很有好感，但并不想发展成办公室恋情。"大方地拒绝了。谁知遭拒的张先生认为自尊心受到了伤害，怀恨在心。几个月后张先生冒充王小姐通过网络发布了"征婚广告"，并留下了王小姐的真实姓名和联系方式。随后王小姐接二连三收到多条求爱信息。与此同时，张先生还将此消息散播给同事、发布到朋友圈，导致大家都以为王小姐择偶方式过于前卫，私生活混乱，纷纷对其产生了不好的看法，这甚至影响到王小姐与男朋友的关系。气愤的王小姐认为张先生的行为侵害了自己的名誉权、隐私权，直接联系律师向法院提起了诉讼：要求张先生停止侵害、赔礼道歉、消除影响，赔偿精神损失费人民币 5 万元。立案后，人民法院在征求原被告是否同意调解的意见后，转由人民调解室先行调解。调解员在调解时首先指出张先生的行为已经给王小姐造成了很坏的影响，给其精神造成了损害，其行为已经构成对王小姐的名誉权、隐私权的侵害。张先生也认识到了自己的问题，表示十分后悔，称在接到诉状后就在网络上删除了征婚广告，也同意通过公开方式向王小姐赔礼道歉，以消除影响。但对王小姐提出的 5 万元精神损失费，他认为过高，希望减低。最终，在调解员的努力下，双方达成和解，张先生自愿赔偿王小姐精神损失费 3 万元，并通过报刊、公司社交平台刊登《道歉函》三天，王小姐看在同事的情分上原谅了张先生，但最终选择了辞职。

【会有办法】

通过以上"女追男"和"男追女"两个案例，我们了解了人性的另一面。应当说男大当婚、女大当嫁，男女双方互有好感或主动追求都属于十分正常的事情，但被拒绝就反目为仇、伺机报复，就会从"友人"变成"小人"再变成"坏人"。对广大女同胞来讲，遇到此类事时尽量选择躲避，若真是遇上"无赖追求者"，在躲不开的情况下，就要像案例中的当事人一样主动拿起法律的武器，去维权，去教训对方，让"小人"受到教育、"坏人"受到惩罚，使受伤害的人得到补偿。

请记住这几个自保的办法。

1. 留存证据。

侵权人侵权一般采用的方式是在朋友圈、抖音、微博等互联网平台上散布辱骂和诽谤信息，在浏览量扩大后就删除。有时一天，甚至几个小时便难觅踪影，却给当事人的声誉造成了难以磨灭的影响。因此，保全证据就成了维权关键。建议受害人在发现这些信息后，先截屏保存相关页面，然后去公证处要求公证员对电子证据进行"证据保全公证"。拿到公证书后，即便信息被删除，公证书仍可还原事实。保存证据后便可以及时向公安机关报案或到法院起诉，此时的公证书就是指控的有力证据。

2. 报警求助。

对于发布侮辱、诽谤信息的情况，还可以选择报警，让公安介入，查出"幕后黑手"。若符合《中华人民共和国治安管理处罚法》第四十二条的规定，写恐吓信或者以其他方法威胁他人人身安全的；公然侮辱他人或者捏造事实诽谤他人的；捏造事实诬告陷害他人，企图使他人受到刑事追究或者受到治安管理处罚的；对证人及其近亲属进行威胁、侮辱、殴打或者打击报复的；多次发送淫秽、侮辱、恐吓或者其他信息，干扰他人正常生活的；偷窥、偷拍、窃听、散布他人隐私的，就会受到行政处罚，处五日以下拘留或五百元以下罚款；情节较重的，处五日以上十日以下拘留，可以并处五百元以下罚款。

3.民事诉讼。

受害人可选择直接提起民事诉讼。如能够确定侵权人的，可直接起诉，要求其停止侵害，在相应的媒体上公开赔礼道歉，消除影响，恢复名誉，赔偿损失。如果很难确定侵权人，如在公开社交网络发现造谣信息，但不知道"幕后黑手"的，可以先起诉社交网络平台，要求其提供侵权账号的注册信息，通过账号实名制锁定"幕后黑手"。起诉后，人民法院可以根据案件情况和原告的请求，责令网络服务提供者提供涉嫌侵权的网络用户的个人信息。具体如何操作，受害人可以聘请专业律师进行帮助。

4.刑事自诉。

受害人可向人民法院提起刑事自诉，以追究被告人的刑事责任。《中华人民共和国刑法》第二百四十六条规定了诽谤罪，提到如果行为人故意实施捏造并散布虚构的事实，贬损他人人格、名誉的，无论是采用口头方法还是书面方法，或是通过互联网散布的，只要造成了严重后果，都有可能构成诽谤罪。依据《最高人民法院、最高人民检察院关于办理利用信息网络实施诽谤等刑事案件适用法律若干问题的解释》，利用信息网络诽谤他人，同一诽谤信息实际被点击、浏览次数达到五千次以上，或者被转发次数达到五百次以上的，应当认定为情节严重。而且针对近年来网络诽谤的高发态势，国家出台了一系列相关法律规定，根据互联网环境下诽谤的新特性，将诽谤罪细化为"捏造并散布""篡改并散布""明知是捏造而散布""在信息网络上将涉及他人的原始信息内容篡改为损害他人名誉的事实后散布"等形式，这些行为都有可能被定性为诽谤罪，招致银铛入狱的结局。

亲爱的朋友，说到这里，你已经知道了在网上诋毁他人是违法行为，也知道了应对他人诋毁的办法。律师要提醒你，在向异性发起追求时，一定要先做功课，对其人品、性格等进行了解和考察，不要以貌取人，避免陷入复杂的情形当中。记住量力而为，不高攀、不幻想、不招事、不怕事、会办事。

1.3

找对象遭遇"杀猪盘"，被骗财骗色该怎么办？

【引言】

杀猪盘，入选"2019年度中国媒体十大新词语"，是指诈骗分子利用网络交友，诱导受害人投资赌博的一种电信诈骗方式。诈骗团伙之所以把这种诈骗形式取名叫"杀猪盘"，是因为他们用所谓的"爱情"圈养"猪"，养肥了自然要"杀掉"。这里的"杀"不仅是感情上的欺骗，还常常涉及金钱的猎取，养得越久，诈骗得越狠。婚恋交友网站和交友APP被称为"猪圈"，让被害人深信不疑的"聊天剧本"被称为"猪饲料"。整个过程被称为"杀猪盘"。"杀猪盘"，不仅会让受害人遭受经济损失，还可能为此背负巨额债务。这种新型诈骗手段十分残忍，而且不是偶发事件。2021年11月8日南京公安公布，仅一周就有 6 起百万元以上财产被骗案例。其中少则 100 万元，多则 270 万、500 万元不等。更严重的是，受害人除了在感情上受到欺骗，他们对美好生活的向往、对爱情的追求、对人的信任等都将不复存在，可能一生都无法走出阴影。面对新型犯罪，或者说如果不幸遭遇"杀猪盘"，该如何处理呢？我们先从两个案例了解一下它的规律。

【案例 1】

2018 年 7 月，宋某招募一批业务员（"屠夫"），以婚恋网站（"猪圈"）的女性会员（"猪崽"）为目标实施诈骗。业务员使用虚假的身份信息，将自己包装为投资经验丰富的成功单身男士，然后在某知名婚恋网站结识不同的女性（"找猪"）。许某某等 3 人都是颇有经济实力的单身女性，在交友网站与宋某等人相识。业务员们通过事先培训的话术（"猪饲料"）与受害人建立了虚假的恋爱关系（"养猪"），骗取了这些人的情感信任后，通过宣称自己是投资高手，以指导受害人投资并快速赚钱为诱饵，引诱受害人将钱交给自己，帮助受害人理财（"杀猪"）。并通过鼓励追加投资、代为操作等方式吸引资金，再通过诈骗集团自己设置的虚假 APP，以 180 天的封盘交易期为由，稳住受害者，然后毁灭证据，卷款走人，以掩饰资金已被非法占有并分赃的事实。宋某等人以此种方式先后诈骗人民币 774 万余元。最终法院以诈骗罪分别判处宋某及其业务员等 5 名被告人有期徒刑五年六个月至十二年不等，并处罚金。

【案例 2】

2020 年 12 月，自由职业者洋女士在某交友平台认识了自称在某证券交易所上班的丁先生。他们相互吐槽催婚压力，有了共同的话题后，就交换了照片和真实联系方式。聊天中洋女士得知丁先生是一名高富帅，有车有房，喜欢健身，随着两人感情逐渐升温，他们聊的内容愈来愈广。男方多次称自己是理财高手，可以帮助洋女士赚钱。还讲了有钱就要理财，"你不理财、财不理你"的道理，经常把投资赚钱的截图发给洋女士。这些举动不断地取得了洋女士的青睐。洋女士也从注意到羡慕再到仰慕，深信他就是自己理想中的"白马王子"。

2021 年 1 月，丁先生游说洋女士，让她在某网络平台开户投资。洋女士接受了丁先生的建议，开始只投了 8000 元试试，没想到几天的时间就赚了 1000 多元，并且可以随时提现。洋女士试了几次后，就放下戒备心理，跟着丁先生开始了以万为单位的投资理财，一开始确实小赚了几笔。

3月份，丁先生告诉洋女士，如果向平台投资满50万元，除正常收益外，交易平台还会额外奖励5万元礼金。为了获取洋女士信任，丁先生用自己的资金通过洋女士的账户向平台投资了38万元，洋女士随后追加了12万元。客服告诉她7天后不但可以获得5万元的奖励还可以提现。第8天，当洋女士操作时，平台提示拒绝。此时洋女士再联系丁先生时，丁先生已没了踪影。这时洋女士才意识到自己被骗了，随即报案。

公安机关经过侦查，最终将犯罪嫌疑人丁先生抓获归案。原来，丁先生属于某跨国犯罪组织成员，"头目"会给丁先生等人发"恋爱剧本"，引导他们在网络上以恋爱结婚为幌子与单身女性聊天，建立恋爱关系，骗取其信任后，再用固定的话术、脚本让其投资到犯罪团伙早已设计好的诈骗网站上。再经过两到三个月的准备期，就进入了"杀猪盘"的最后一个环节，有的是"讲师"唱衰股市，有的是引荐新的虚拟货币，有的是以180天封盘交易期为由，稳住受害者，然后毁灭证据，卷款走人。归纳一下，诈骗过程总共分七步：第一步，寻找目标；第二步，取得信任；第三步，怂恿投资；第四步，让其大量追加资金投入；第五步，无法提现；第六步，销声匿迹；第七步，受害人恍然大悟。这一切真是防不胜防。对善于以感性认识世界的女性来讲，遇到这种情况该怎么办？律师告诉你会有办法。

【会有办法】

随着经济的发展和社会的进步，女性越来越自立，很多女性赚钱能力很强，选择配偶的标准也很苛刻。出于广泛交友的需求，大家开始在网上交友。网络具有隐蔽性，因此才会导致多人被骗。被害人先是被对方的花言巧语吸引，接着就陷入幻想，最后盲目信任，陷入了犯罪团伙编造的"杀猪盘"中，成为"待宰的小猪"，面对这种情况应该怎么办？

1. 报警。

受害者发现自己被骗后，要及时到派出所、经侦队报案。如果无法受理，建议到县级市或地级市公安局报案，地方公安局一般都配有经侦队，他们经验丰富。也可以到反诈中心报案，因为"杀猪盘"被公安定性为网络诈骗，反诈中心对"杀猪盘"案件处理更专业，也更有经验，受理的概率大。另外，也建议大家下载"国家反诈中心"APP，以应对五花八门的诈骗犯罪。

2. 网警报案。

遇到"杀猪盘"事件，受害者可以到网络违法犯罪举报网站举报。在此提醒，一定要到官方网站找网警报案，不要病急乱投医，找其他平台的所谓网警、律师，避免再次上当受骗。现在冒充网警的骗子也层出不穷，谨防二次诈骗！

3. 如何判断案件是否受理了呢?

公安机关受理案件后，第一件事就是录口供。不论是派出所、经侦队还是反诈中心，都会有"询问记录"，先请你叙述事实，提供证据，这时一定要认真，把自己的经历全部告诉警察，尽可能提供详细资料和有效信息，不要因为自己被骗，就只会一头扎进警察局哭诉和发泄。这些资料和信息包括但不限于：与骗子的聊天记录，"杀猪盘"的平台网站链接，平台所有充值记录、提现记录，平台账户信息，第三方平台支付交易记录，"杀猪盘"接头人的微信、QQ、手机号、银行账户、位置等信息。资料和信息越详细越能引起警方重视，破案的概率也越高。如果"杀猪盘"的平台网站不能正常打开或已经停止运营，警方也有办法介入调取平台数据。聊天记录是破解"杀猪盘"的最有力证据。如果聊天记录没有了，很难证明受害者是无辜的。录完笔录，警方会给你一个《受理通知书》，这只是受理，还不是立案。

4. 如何知道已经立案了?

立案的关键在于：提供的资料和信息是否可以证明自己是"杀猪盘"受害者。是否立案也要看受骗人数、金额、影响、案情线索等因素。理论上，受害人数越多，受骗金额越高，案情影响越大，案情线索越精准，立案的可能性就越高。所以遭遇了"杀猪盘"，鼓励受害者积极报案，但不鼓励搞"抱团维权"。以莫须有之名妄自揣测警方办事不力，借机抹黑、诋毁警方更不可取。警方立案后，会发给你《立案通知书》。

5. 密切关注官方消息。

立案后，很多受害者都想了解案情进展、追赃比例、资金偿还安排等。受害者可关注受理案件的警方单位和检察院的官方信息，不可随意相信小道消息。通常情况下，提前返还钱财是不可能的，因为不符合法律程序，只有等到诉讼终结后，才会返还钱财。从报案、立案、破案，再到终审，经历的时间比较长，有可能是一年、两年，甚至三年，要有足够的耐心。千万不要听小道消息，更不要相信走后门就能拿到钱。

6. 不立案怎么办？

受理、侦破、缉捕归案，是公安局的职责；是否立案、侦查监督、提起公诉和审判监督，是检察院的职责；审判，是法院的职责。如果"杀猪盘"事件迟迟没有立案，可以去检察院申请监督程序。

我知道经历过"杀猪盘"诈骗的朋友，一定付出过真感情。从素未谋面，相识于网络，到在甜言蜜语中谈了一场虚拟的恋爱，再到对方以高额利润诱导自己参与赌博或投资理财中，最终自己的财产被榨干，你追悔莫及，甚至一生都很难走出来。我想告诉大家的是：网络不是法外之地，在网络各大平台交友、聊天，遇到对方要求交换真实联系方式的情况时，要谨慎，私聊加好友的不一定是爱情，也可能是"杀猪盘"诈骗，不要随意转账汇款。另外我们还要注意接听 96110 的电话，如果接到 96110 这个号码打来的电话，请别当作诈骗电话直接挂断，一定要及时接听，耐心听取劝阻，避免上当受骗。如果发现涉及电信网络诈骗的违法犯罪线索，也可以通过专线向当地反诈中心进行核实或举报。如果不慎点击"木马病毒"链接造成资金损失的，需将手机进行刷机操作，同时更改手机绑定的银行卡的支付密码。留心记录骗子的账号、账户名称，并第一时间拨打 110 报警电话。

切记：未知链接不点击、陌生来电不轻信、个人信息不透露、转账汇款多核实，听到甜言蜜语要冷静！

1.4 从没想过我也会被骗婚!

【引言】

艺人印某被骗婚事件,给很多人敲响了警钟。印某的妻子谎称自己有高学历、高干背景、高额收入,在赢得印某好感后与其恋爱结婚。生育子女后印某才发现这是一场骗局,从而离婚。这是一个骗婚成功的真实案例。现实中的婚姻诈骗也有很多,多是以婚姻为诱饵诈骗钱财。婚姻诈骗的手段不断升级,目前已经演变成虚构身家背景、利用伪造的身份证件进行合法登记的新型骗局。现如今,很多父母为了给孩子找结婚对象愁白了头,这也就为骗子制造了机会。于是"有心之人"便利用结婚进行诈骗,最终达到索取对方财物的目的。结婚本是人生喜事幸事,要是不幸遇上"骗婚",该怎么办呢?

【案例】

河南小伙王刚（化名），30 岁，单身未婚。2018 年经人介绍认识了 25 岁的黄某。黄某提出按当地风俗看望老人需准备红包，于是王刚便将 1360 元的红包交给黄某。黄某同意与王刚结婚，提出订婚彩礼为 38000 元。王刚通过银行将彩礼金转给黄某。收到钱后，本要开始准备办理结婚事宜，王刚却发现黄某不接电话了，也不再与其见面。王刚四处寻找都找不到，后向公安机关报案。2019 年 3 月，黄某又通过媒人与李某相识，再次以同样的方式从李某处骗得钱财共计人民币 36000 元。随后，黄某故技重施，再次玩起了消失，拒绝与李某见面。李某也意识到被骗，随后到公安机关报案。

公安机关立案后，经过侦查，在郑州某区抓到了正在与侯某交往的黄某，公诉机关以诈骗罪对黄某提起了公诉。后经审理，认定被告人黄某诈骗罪成立，判处有期徒刑三年，并处罚金人民币 15000 元。判决书写道，结婚彩礼是黄某骗取金钱的手段，被害人王刚、李某等人抱着谈恋爱、结婚的目的，主动向其支付钱财，黄某得到钱财后，便以各种理由推诿，拒不见面，其行为符合诈骗罪的构成要件。

【会有办法】

婚姻诈骗，相信大家对这个概念并不陌生。上面这个案件就是婚姻诈骗的典型。面对这种情况，该怎么处理呢？在找到解决办法之前，我们先要消除几个误区。

1."骗"来的婚姻有效吗？

"骗"来的婚姻也是有效的。因为法律上没有"骗婚"的说法。《中华人民共和国民法典》（以下简称《民法典》）第一千零五十一条规定了三种婚姻无效的情形：重婚、有禁止结婚的亲属关系和未到法定婚龄。但是没有骗婚的规定。《民法典》还规定了一种可撤销的婚姻，因胁迫而结婚的，属于可以撤销的婚姻。但是骗婚不属于胁迫结婚，也不属于无效婚姻的情况。因此，即使是被欺骗结婚，只要进行了婚姻登记，双方就是合法婚姻。发现被骗后，减少损失最好的办法是离婚。

2.被骗结婚该怎么办？有哪些救济途径？

（1）刑事途径救济。骗婚一定会牵涉一系列违法行为，比如伪造学历、身份证件、假扮军人招摇撞骗、敲诈勒索。遇到这种情况时，应当及时向公安机关报案。关于虚构事实、隐瞒真相，骗取财物的行为，没有结婚的会涉及诈骗罪，需要通过刑事途径解决，只要个人诈骗金额在 3000 元以上就符合立案标准。如果你已经进行了婚姻登记，刑事立案并不能解决婚姻效力问题，还要走民事程序——解除婚姻关系。

（2）民事途径救济。只要经过登记，就是合法婚姻，只能通过离婚处理。《民法典》第一千零四十二条规定禁止包办、买卖婚姻和其他干涉婚姻自由的行为，禁止借婚姻索取财物。司法解释也规定了彩礼返还的三种情形，如果符合这三种情形，人民法院应当予以支持。

如果当事人选择向法院起诉离婚，法院在查明涉及骗婚事实及诈骗犯罪的，会中止民事程序，将案件移送公安机关处理。这种情况时间上会有一定拖延。所以对于想离婚的当事人，律师建议，如果你认为自己被骗婚，另一方下落不明，而且你不在意财产损失，只想立刻了断这段婚姻关系，最好只以"夫妻感情确破裂"为由，向法院起诉离婚。按照法律规定，一方下落不明满两年的，采取公告送达没有结果的，是可以直接判决离婚的，不至于久拖不判。

3. 被骗婚，离婚时能否请求损害赔偿？

这个问题可以说很难认定。为什么呢？我们通过一个"同性恋骗婚，配偶索要赔偿"的案例来说明。

原告张某（女）与被告李某（男）经人介绍相识，登记结婚，没有举行婚礼便同居生活，婚后无子女。一年后原告张某向法院起诉，以被告是同性恋为由，要求与李某离婚，并要求被告承担骗婚的过错行为，赔礼道歉并赔偿精神损害抚慰金10万元。原告提供了被告同性恋的证据。

被告承认自己有性取向的不同，同意与原告离婚，但不承认出轨，认为没有给原告造成精神损害，不同意赔偿精神损失费。人民法院审理后认为，《民法典》中"婚姻家庭编"将夫妻感情是否破裂作为判决离婚的标准。同性恋虽然影响家庭生活质量，但未必一定导致感情破裂。本案中原、被告结婚时间较短，没有建立真正感情，被告具有同性恋行为，有一定过错，现双方都同意离婚，法院予以支持。但对损害赔偿，人民法院认为，在婚姻中隐瞒性取向与隐瞒其他身份瑕疵相比，其危害并非更大。比如婚前隐瞒犯罪史，结婚后发现配偶是罪犯，这与隐瞒性取向相比，对婚姻当事人伤害更大。又如，婚前隐瞒婚姻状况等。婚后发现其不仅有婚史，还有孩子，这对婚姻当事人来讲，不仅有精神伤害，还有抚养负担。此外，我国法律规定，对于重婚、有配偶者与他人同居、实施家庭暴力、虐待、遗弃家庭成员的行为导致离婚的，无过错方有权请求损害赔偿，而性取向问题不在此列。因此，性取向正常的一方诉求损害赔偿，不应得到支持。另外原告主张被告与同性的性行为给其带来精神伤害，要求精神赔偿及赔礼道歉的诉讼请求，我国现行法律及相关司法解释没有相关规定，原告也没有提供有效证据证明被告行为存在应当给付精神损害抚慰金的情形，故法院对此主张不予支持。我国法律规定，在离婚财产分割中，可对无过错方进行照顾，在一方同性恋行为影响夫妻感情导致离婚的案件中，将性取向正常的一方认定为"无过错方"应当不会有争议，因此在财产上应对女方予以照顾。最终，法院判决准许原告张某与被告李某离婚，驳回原告其他诉讼请求。

由此可见，对于离婚能否请求损害赔偿，还是要具体问题具体分析。

4. 同性恋骗婚，案由是离婚还是撤销婚姻？

从《民法典》关于撤销婚姻的规定可以看出，我国目前并没有把意思表示错误作为可撤销婚姻的情形来处理，因此遭遇同性恋骗婚的案件，按目前法律规定不可以撤销婚姻，只能走离婚程序。并且，离婚诉讼中夫妻感情是否破裂是法院判决的主要依据。

在消除了几个误区后，我们来说说对付骗婚的办法。

走向婚姻殿堂的这条道路，也渐渐变得复杂起来，有些幸运的人可能一下子就找到了属于自己生命中那个对的人，但还有很多不幸的人，成了被骗婚的对象。随着越来越多的人习惯借助网络拓展交友圈，律师教你几招防止被骗的技巧。

1. 认清对方。

提醒所有单身朋友，务必保持清醒的头脑和理智的判断力，在交往初期不要轻易与对方发生性关系，一定要认真考察对方，通过接触了解这个人是否值得信任，是否愿意和你走下去，做出理智的判断。

2. 切勿交浅言深。

在交往初期，千万不要什么事情都和对方说，特别是经济情况。在交往中一旦发生短时间内对方频繁向你索要或借用钱财的情况，一定要提高警惕，必要时可与对方断绝联系。

3. 提高自我防范意识。

作为弱势的女性，很容易被带到骗婚的陷阱里去，所以一定要注意保护自己，防止身心受到伤害，不然真是欲哭无泪。最后导致本想寻觅恋人，最终眼睁睁看着户口簿由"未婚"变成了"离异"。

律师提醒你，即便遭遇骗婚，也不要从此一蹶不振。因为这段不幸只是人生中的一个小插曲。世界是美好的，婚姻是幸福的，家庭还是令人神往的地方。千万不要因为一次失败经历，就以为全社会都是黑暗的，要时刻保持乐观的心，去迎接你的那个他。

1.5

婚前和男朋友一起买的房，分手了该怎么分割？

【引言】

近十多年来，房地产行业的飞速发展令很多人尝到了时代的红利，婚前单身人士买房的现象日渐普遍，男女朋友在谈恋爱时共同买房的情况也与日俱增。如果能顺利结婚，自然是皆大欢喜，若是分手，那就牵扯到了复杂的财产分割，伤神费心。那么，一旦遭遇这种情况，该如何处理呢？我们还是从一个案例说起。

【案例】

小林（男）和小月（女）是在深圳打工的同乡。2010

年经人介绍认识后，他们很快就确立了男女朋友关系。面对
节节攀升的房价，这对在异乡打拼的年轻人决定"先下手为
强"。2013 年 3 月两人掏空了所有积蓄，以 123 万元的价
格购买了深圳市福田区的一处两居室房产。其中，小月支付
定金 4 万元，小林向小月转款 51 万元交纳首付款，小月以
个人名义与银行签订了《个人购房借款合同》贷款 68 万元。
买房手续由小月签订，房产核准登记在小月一人名下。收房
后双方同居生活。2015 年双方为结婚拍摄了婚纱照，在备
婚期间屡屡产生矛盾，最终闹到分手。由于双方并没有办理
登记手续，也没有签订任何协议，因此关于两居室房屋如何
分割产生了矛盾，二人诉至法院，请求确认房屋归属并分割
财产。

　　法院审理后认为，房屋由小林、小月共同购买，购房款
包括三个部分，即小林支付的首期款 51 万元、小月支付的
定金 4 万元和贷款 68 万元。讼争房屋虽登记在小月名下，
但属双方按份共有。双方在购房时没有约定各自的份额，
但应当按照双方的出资确定各自享有的份额。房屋的购买价
123 万元，其中小林出资 51 万元，小月出资 72 万元，因此，
小林对该房享有 41%，小月对该房享有 59%。最后，法院综
合考虑了两个因素：其一，该房目前登记在小月名下，由小
月还款并使用；其二，小林在香港工作生活。从实际出发，
法院判决房子归小月所有。同时小月以该房屋的市场价值为

基数，按小林享有的份额进行补偿。法庭上双方都认可房屋当前市值为 200 万元，按上述比例，小月应向小林补偿 200 万元的 41%，即 82 万元。也就是说，小林买房时投入的 51 万元，现增值到 82 万元。诉讼后这部分钱回到了小林的手中。

从这个案例中，我们看到了男女同居共同购买大件物品，在没有约定出现纠纷时的处理办法。这只是一套房子，假如还有车及无形财产，如著作权、专利权、商标权等，又该如何处理，分手时又该注意些什么呢？

【会有办法】

在大部分人的认知里，婚内财产夫妻分手时通常是一人一半。那婚前取得的财产该如何认定呢？本案中，虽然小林和小月有结婚的意向，但并未登记成为合法夫妻，最终矛盾爆发引发分手。如果仅从产权登记的情况看，房屋为小月一人所有，假如小月一口咬定房产是其一人出资，而小林的 51 万元是借贷，小林的权利主张也将面临困难。另外婚前对房产的增值收益进行确权和分割，都可能成为争议焦点，也是当事人常见的难以举证或证据不足的情况。因此婚前取得共有财产的证据一定要保存好。那么，婚前同居期间与另一半共同买房买车，进行大型财产交易，都需要注意什么呢？

1. 男女双方共同出资买房，没有结婚时房屋分割所遵循的原则。

从理论上讲，同居作为一种民事行为，可分为非婚同居和有配偶者又与他人同居。对于同居期间的财产分割，法律规定按一般共有财产处理。同居期间的共有财产是指由双方共同管理、使用、收益、处分的财产。比如房产，同居双方均为房屋共有人，房屋的出租、出售均需两人同意。一般共有财产必须具备两个条件：其一，必须是同居期间所得的财产，同居以前一方所得、解除同居关系后所得以及一方死亡后另一方所得的财产都不属于共有财产；其二，必须是依法取得的所有财产。另外同居期间所得的财产并非当然归双方共同所有，法律规定归一方所有的财产或双方约定归各自所有的财产，不属于共有财产。

共有财产的分割原则：由于同居双方不具有夫妻的权利和义务，即没有"夫妻互相扶养等义务"和"夫妻有相互继承遗产等权利"，因此，对在同居生活中，双方共同购置或拥有的财产，包括家具、家用电器、房产、汽车等增值部分作为共有财产分割。有协议的按协议处理，如果双方没有协议和约定，从理论上讲，应该以谁的名义登记、落户的，产权就归谁，主要指房产、汽车、银行存款等。如果不需要登记的，原则上由谁购买、使用就归谁。如果是双方共同购买、使用的财产，则应通过协商解决，协商不成的，应根据等份原则、公平原则，并且考虑共有人对共有财产的贡献大小，适当照顾共有人生产、生活的实际需要等情况合理分割。

2. 一方婚前全额付款买房，房屋产权登记在出资人名下，如何处理？

不管是审判实践，还是最新的司法解释，对这种情形的判断是，房子属于婚前出资方的个人财产，房子涨价属于自然增值，增值部分归产权人所有。如果房子用于出租，租金属于投资收益，也归产权人个人所有。但房屋出租行为，如果发生在婚姻存续期间，租金则属于夫妻共同财产，应当平分。如小王婚前出资 200 万元购买了一套房登记在自己名下，无论之后结婚多少次，这套房都是小王的个人财产，与历任妻子都没有任何关系，不会因为婚姻的建立变成夫妻共同财产。即使该房子由 200 万元增值到 2000 万元也和妻子没有关系。但小王若是在婚姻存续期间把房子租出去，每月租金 2 万元，这 2 万元则属于夫妻共同财产。

3. 一方婚前全额付款买房，但房屋产权却登记在另一方名下，则房子归属另一方。

假设小王婚前为讨好女友，全款买了一套房屋，登记在女友小美的名下，那这个房产就属于赠予了小美，即使两人结婚、再离婚，该套房子也是小美一人的婚前财产。

4. 一方婚前支付首付款买房，房产证上仅署一方名字，婚后二人共同还贷，如何分割？

法律规定：夫妻一方婚前签订不动产买卖合同，以个人财产支付首付款并在银行贷款，婚后用夫妻共同财产还贷，不动产登记于首付款支付方名下的，离婚时该不动产由双方协议处理。不能达成协议的，人民法院可以判决该不动产归产权登记一方，尚未归还的贷款为产权登记一方的个人债务。双方婚后共同还贷支付的款项及其相对应的财产增值部分，离婚时由产权登记一方对另一方进行补偿。也就是说，小王婚前承担首付款买房，登记在自己名下，婚后和小美共同还贷，离婚时由夫妻两人先商量房子的归属，如果不能达成一致意见，人民法院可判决房子归小王所有，未还清的贷款属于小王的个人债务。小美参与共同还贷的部分及房屋增值部分，由小王补偿给小美。

总之，买房无小事，恋人、夫妻发生这种大额交易，律师建议：

1. 婚前买房，房产证署名应充分协商，最好写上每个出资人的名字和份额。

如果双方都有出资而只有一方姓名，另一方因为不好意思或怕影响两个人的感情，而未在房产证或相关证件中体现自己的权利，产生纠纷时就会出现是"出资"还是"借款"的争议，出资款可分享增值收益，借款却只能享有利息。

2.父母或亲友出资赞助子女买房的，也要约定清楚。

很多年轻人由于资金不足，买房时会由父母或亲友资助，尤其是父母出资一般都不打借条，只说"你先用吧"，子女认为是赠与，父母认为是借款，如果没有约定就会出现纠纷，因此最好与父母明确是赠与还是借款，如果是借款就打借条，以免与另一半分手时说不清楚。

3.婚前的财产公证或协议十分必要。

如果两人只是同居，没有领结婚证，最好在婚前签署一份财产协议，如可能，最好办理公证。这样日后一旦发生争执，这份协议就是最好的证据，也避免财产纠纷带来的麻烦。在购买房屋或者大件物品时最好通过银行转账方式，支付首期款或按揭款时，在付款凭证和发票上备注是谁付的款，由双方共同签字，最好不要支付现金。在购房合同和房产证上最好签署两个人的名字，并明确各自的份额。签署按份共有的协议或公证是避免纠纷的好办法。

4.贷款买房后月供还贷最好签署协议。

贷款购房是当前的常见做法，但银行办理购房贷款按揭的审批程序非常严格，如果未婚情侣贷款买房，一方因某种原因不符合贷款条件，就只能依靠另外一方。如果日后分手，那贷款一方就得独自承担这笔庞大的"外债"。在实践中,贷款双方在非配偶的关系下,应该签署一个协议，明确双方贷款的权利义务关系，一旦一方不能还贷或负担不起，另外一方仍需要对银行承担还贷义务。

5.房产证的取得时间不影响权属的认定。

依据《民法典》的规定，房屋产权证是物权的凭证，即产权登记在谁名下谁就是物权所有人。但需要注意的是，在我国房屋产权证的取得时间与房屋产权权属有时联系并不密切。婚前取得房产证的，房屋所有权自然是婚前的。婚后取得或者离婚前仍未取得房产证，但财产权益在签署买卖合同后就备案登记的，产权也随之明确，因此即使是婚后取得的房产证，也不能影响该房屋为个人所有的性质。

相关知识就介绍到这里。

在全球，婚姻这种维系男女关系的法律约束正在被人们逐渐淡化。中国的"不婚族"人数也在增多，情投意合的时尚男女们，更愿意选择同居、试婚等"准婚姻"的形式。同居的双方一起购物、买房、开店、做生意……可分手时才发现，分手原来不是一拍两散那么简单，一起生活的点点滴滴原来都有着千丝万缕的联系。

合伙买的房子该归谁？一起创作的作品版权如何分？一起经营的店面该怎么办……曾经只追求简单，不问责任的同居生活，给我们带来的是莫名的痛苦与伤害，因此律师希望选择爱情权利的时候千万不要忽视责任。假如你一定要选择同居生活，最好在同居前就签署一份"同居期间财产协议"切实保护自己的合法权益。

1.6
关于彩礼和嫁妆的纠纷

【引言】

彩礼和嫁妆是民间婚礼的习俗。彩礼是男方上门提亲时送给女方的结婚礼物，包括礼钱和礼品；嫁妆是女方出嫁时，从父母家带到男方家中的物品，如钱、首饰等。嫁妆和彩礼的数额根据家庭的经济状况决定，经济条件好的家庭彩礼和嫁妆就丰富，而经济条件差的，彩礼和嫁妆相对较少。在我国，无论城市、农村，结婚都有给彩礼和陪嫁妆的风俗。随着生活水平的提高，彩礼、嫁妆的数额越来越高。个别地区甚至把嫁女作为改变贫困的手段，使一批年轻人因彩礼而结不起婚，这也是彩礼争议案件增多的原因。最近一个返还 86 万元彩礼的纠纷案件，再次引发了人们的关注和争议。

【案例 1】

徐女士，26 岁，身高一米七，高挑漂亮。俞先生，37 岁，身高一米六五。两年前两人相识、交往。据徐女士说起初她并不愿意，但经不住俞先生的死缠烂打和出手大方，就接受了，并开始恋爱。俞先生为了讨徐女士欢心，总是给她发大额红包，以 5200 元居多，6000、10000 元都有，最多时发过 11 万元。俞先生还送给徐女士一辆价值 40 万元的豪车。后来两人分手。分手后俞先生将徐女士告上法庭，要求归还彩礼费用共计 86 万元。徐女士认为这些钱都是恋爱时俞先生对她示爱的表示，两人没有订婚，也没谈到结婚，钱也不是一笔给的，甚至有些大额转账也是两人一起花的。尤其是男方送给女方的车，说是新年礼物。另外两人分手是男方提出的，女方不同意把钱要回。但俞先生认为给对方这些钱都带有明显的目的——结婚，是一种附条件赠与。而徐女士并没有结婚的打算，所以应当返还。一审法院审理后，支持了俞先生的请求，判决徐女士归还俞先生 86 万元。徐女士不服提出上诉。二审时俞先生提交了一份聊天记录，作为新证据。记录中显示俞先生称徐女士的母亲为"丈母娘"，想和"丈母娘"吃饭，并打算给个红包，以后提亲再准备大的。法院认为聊天记录可以证明他们恋爱是以结婚为目的,意图明显。因此维持了一审判决。

【案例 2 】

虞某与邹某通过网络建立了恋爱关系。男方虞某花费 12 万元举行了婚宴，给了女方一枚价值 2 万元的钻戒及彩礼费 9 万元。双方同居后，没有办理结婚登记手续，后女方怀孕。半年后，双方产生矛盾，并协议终止妊娠。后男方诉至法院，要求女方返还彩礼、钻戒费用，并支付一半婚宴费用共计 17 万元。女方嫁妆由女方带走。女方认为：彩礼仅收到 6 万元，且已购买嫁妆，现嫁妆存放在男方家，同意将嫁妆折抵彩礼；戒指属于男方赠与的礼物，不应返还；婚宴由男方单独举办，女方不应承担一半费用。法院审理后认为，原、被告未进行结婚登记，不属于夫妻关系，不适用夫妻离婚时财产处理的规定。但双方已共同生活，并导致女方怀孕，双方亦有财产等方面消耗和损失，根据双方矛盾产生的原因、过错情况及公平原则，判决女方返还男方彩礼 1 万元及钻戒，且全部嫁妆归男方所有。

【 会有办法 】

学习了两个案例后，我们需要先明确几个问题。

1. 法律对彩礼是怎样规定的？

《民法典》第一千零四十二条规定，禁止包办、买卖婚姻和其他干涉婚姻自由的行为，禁止借婚姻索取财物。

2. 什么情况下彩礼可以返还？

根据《民法典》婚姻家庭编的司法解释第五条，有三种情形彩礼是可以返还的：双方未办理结婚登记手续；双方办理结婚登记手续，但确未共同生活；婚前给付并导致给付人生活困难。

该条规定提出了返还彩礼的三个条件：其一，返还彩礼以是否结婚为条件。因为给付彩礼的目的，是缔结婚姻关系。男女双方在缔结婚姻关系后，彩礼给付的目的已经实现，原则上收受方已经不再负有返还彩礼的义务。相反，没有结婚就未达到目的，因此应当返还。其二，是给付彩礼后，虽然办理了结婚登记，但是双方并未真正在一起共同生活。就是说双方登记结婚后，在法律上已经形成了合法的夫妻关系，但没有共同生活，也没有夫妻之间的生活的经历。还有些地方为了骗取钱财，以结婚为诱饵，要求对方给价值不菲的彩礼，但登记后并不与其共同生活。这种骗婚行为极大伤害了给付彩礼方的合法权益。因此离婚时应当根据具体情况决定酌情返还。其三，返还彩礼还应以是否"生活困难"为标准。"生活困难"是相对困难还是绝对困难，法律没有规定，但结合实际情况，应当理解为绝对困难。因为相对困难是指给付人在给付彩礼前的生活条件与给付后对比，使得给付方的生活相对于之前困难。绝对困难是指给付彩礼的行为导致给付人的生活无法维持当地的平均生活水平。对困难的理解应当以彩礼的给付导致给付人无法维持当地最基本生活水平为返还的前提。实践中，为达到"生活困难"的证明目的，原告可提供举债证明或由村委会、民政部门出具的生活困难证明。

3. 虽已办理结婚登记，但共同生活时间较短，离婚时是否也可以主张返还彩礼？

实践中的很多情况是，双方已办理结婚登记手续，但共同生活时间较短，有的共同生活一个月或半年，离婚时当事人主张返还彩礼的，可以根据离婚的过错、双方共同生活的时间、彩礼的数额、有无生育子女、财产使用情况、双方经济状况等酌定是否返还以及返还的数额。

4. 彩礼款项已经使用，应当如何处理？

如果彩礼是以货币形式给付的，当给付一方要求返还时，接受一方经常会提出"彩礼已经使用"的抗辩。其实即便有证据证实彩礼确实已经使用，也不意味着其价值就凭空消失，因为在使用后往往会转化为其他形式的财物，所以需要区分情况对待。

（1）接受彩礼一方，使用彩礼购置家具，转化为共同财产；在分割共同财产时，对于使用彩礼购置的家具部分，不应分割也不再返还，家具由彩礼给付一方所有，在分割中体现彩礼的返还。如一起案件中，原告要求返还31200元，该钱款已购置结婚家具等用品，均用于共同生活，且所购置家具现均放置于原告家中，因而法院不予支持原告要求返还的诉请。

（2）使用彩礼购置物品作为陪嫁的怎么办？有时彩礼交付给女方或女方家后，女方家可能会提供相应价值的财产，即所谓"陪嫁"。习惯上，陪嫁财产由女方家属交给女方，此种行为在现行司法实践中一般定性为女方的婚前财产，原则上不返还。

在处理涉及彩礼返还的案件时，要根据已给付彩礼的使用情况、彩礼是否在男女双方共同生活中发生了必要的消耗、婚姻关系或同居关系存续期间的长短等具体事实综合把握。在处理方式上也应当灵活运用，特别是彩礼已转化为共同生活的财产时，可将彩礼的返还与分割共同财产一并考虑。在分割中体现彩礼的返还。

5. 彩礼返还立案的诉讼主体如何确定？

对于返还彩礼案件在立案时应当注意诉讼的主体，未办理结婚登记的应当以实际接受人为共同被告；办理结婚登记的因离婚而要求返还彩礼的，只能以女方为被告；提起返还彩礼的诉讼，应当准备好证据，因为彩礼的给付都是发生在自然人中，又都是现金和实物的即时交易，很难留下证据，因此作为当事人需要注意证据的收集。

　　说完了彩礼，我们再来说说嫁妆。女方为结婚购置的嫁妆，有的虽然是在结婚登记以后、举行结婚仪式之前购买，但夫妻双方没有实际生活在一起，没有共同的劳动和收入，购买嫁妆的资金大多来源于女方父母或其他近亲属，或女方婚前个人收入。在审判实践中，离婚案件的当事人对该类财产的归属一般不持异议，认为女方陪嫁的财产就是其个人财产，这样处理起来也较符合风俗习惯，当事人容易接受，也可以避免矛盾激化，符合公序良俗的要求。

　　实践中对于要求返还嫁妆的纠纷很少，但鉴于当前人民财富的增长，嫁妆额度也水涨船高，有的是汽车，有的是房屋，因此有必要说明白，女方亲属陪送的嫁妆应认定为赠与行为：在登记结婚前陪送的嫁妆应认定为对女方的婚前个人赠与；登记结婚后陪送的嫁妆，则应认定为对夫妻双方的共同赠与，嫁妆的性质应认定为夫妻共同财产，但是如果女方家里明确说明是给女方的，那就应当按照约定确认权利的归属。

　　说完了彩礼和嫁妆，律师还是要提醒女性朋友：古往今来，婚姻都是人生大事，不仅仅是两个人的结合，也是两个家庭的结合。婚礼习俗自古延续至今，彩礼和嫁妆也在不断增添新内容。我们虽然不能改变习俗，但

是可以引导潮流，给习俗赋予更健康的内容。我们希望
女性朋友在没有结婚承诺的前提下，不要收取男方的贵
重礼物，因为很有可能闹到最后人财两空，自己的青春
也搭进去了。男生也不要拿金钱去换爱情，因为金钱换
来的爱情是不可靠的，到最后，你失去的不仅是钱财，
还有你自己的人生。返还 86 万元彩礼的案例告诉我们：
天下没有免费的午餐，女人不能拿青春赌明天。

第二章

"

当婚姻关系无法存续时，请多
给自己争取些利益

2.1
发现老公出轨，我该怎样查找证据?

【引言】

　　婚外情对家庭来说无疑具有极大的破坏性。男方出轨女方会备受打击，陷入深深的绝望和无助中，气愤、悔恨、郁闷，甚至出现严重的精神问题。这样日渐消沉，对自己只有坏处没有好处。

　　面对老公出轨，要冷静分析其出轨原因。出轨尽管情况各有不同，但原因归纳起来无外乎两种。第一种是出轨方道德败坏，一贯以寻花问柳为生活态度，配偶再优秀自己也不会改变生活方式，从心理学角度看，这是一种变态或心理障碍的表现；第二种是本人口碑很好，甚至在别人眼里是老实人，但由于一些问题，例如尊重、理解、陪伴、性等方面的需求长期得不到满足，便借婚外关系寻找满足，且出轨后很自责，有悔改的表现，对因这种原因出轨的人是可以通过一些办法来解决的。

人们常常用"爱情的坟墓"和"围城"来形容婚姻。如果丈夫出轨导致婚姻难以维持下去，你可能想到的办法就是离婚，但理智分手，关键就是要抓住出轨证据。有了证据，才有谈判的资本，对簿公堂也才有底气。那么，应该怎么收集证据呢？

【案例】

2013年邱女士和袁先生结婚，次年儿子出生。婚后不久袁先生被外派到另一个城市工作，最初每个月休假三天，后来一个季度回家一次，即使回家也常常以怕影响儿子休息为由独睡一室。后来，邱女士发现袁先生打电话偷偷摸摸，接电话躲躲闪闪，心想正当年的丈夫回来不同房，莫不是出轨了？半信半疑中，邱女士冷静地观察、偷偷地搜集证据。趁丈夫酒后昏睡时，她打开丈夫的手机，拍摄了手机内丈夫和其他女性的多张照片、聊天记录、开房住宿的付款记录等内容。为进一步寻找证据，邱女士在袁先生卧室床头柜里放置了录音笔，录到了丈夫出轨的语音证据。拿到证据后的邱女士不动声色，还规劝老公要以家庭为重，商量是否可以以孩子小为理由，让老公向公司申请调回总部。但老公既不提离婚也不终止婚内出轨行为。邱女士在忍无可忍的情况下，向法院提起诉讼，以感情破裂为由请求与袁先生离婚，并要求袁先生承担过错责任、少分财产。诉讼中，邱女士向法院提交了袁先生手机截屏，作为证据。不料，袁先生不同意离婚，法院最终驳回了邱女士的请求，并要求邱女士合法取证。难道这样取证不合法吗？面对这种情况我们应该怎样合法取证呢？

【会有办法】

本案中邱女士沉着冷静、遇事不慌，在不打草惊蛇的情况下悄悄取证，为离婚时追究对方责任、财产分割争取权益创造条件。但是证据有哪些类型？出轨证据怎么收集才算合法呢？

关于证据的类型和范围，《中华人民共和国民事诉讼法》规定了书证、物证、视听资料、证人证言、当事人的陈述、电子数据、鉴定结论、勘验笔录八种证据形式。在民事证据中，书证、物证、视听资料最为普遍，尤其是在当今手机不离手的信息时代。

1. 取证最普遍的做法是录音录像。

录音录像证据要求：第一，必须保留原始载体，比如，用手机录制的最好提供该手机，出于备份考虑，即便做了拷贝，手机中的原始文件也不能删除，需要作为证据原件，以备质证和司法鉴定；第二，如果已将手机中的录音录像文件拷贝到其他载体上，如光盘、U盘等，不能改变录音录像的格式；第三，不能剪辑，无论录音录像时间多长，内容多繁杂，都不要自行剪辑，要保留录音录像的原始面貌，作为证据使用时，可以在证据中标注"××分××秒是出轨内容"。

2. 什么情况下出轨现场视频能够被采纳？

这个问题目前在实践中还未达成共识，但统一的认识和要求是出轨现场拍摄的证据要具备三个条件：第一，当事人偷拍偷录使用的器材，不能是国家禁止使用的器材；第二，偷拍偷录的过程不能侵犯他人隐私，不能有违法的行为，如非法闯入第三者家里或同居的旅馆、公寓、别墅，这样会涉嫌侵犯隐私权；第三，拍摄者必须是为了维护自己的合法权益去取证。这三个条件必须同时具备，取证才是合法的，也才有可能被采纳。

对于偷拍偷录，最高人民法院关于适用《中华人民共和国民事诉讼法》的解释（2020）第一百零六条：对以严重侵害他人合法权益、违反法律禁止性规定或者严重违背公序良俗的方法形成或者获取的证据，不得作为认定案件事实的依据。因此，只有在自己家里安装摄像头，或者通过正常渠道进入宾馆、酒店拍到的录像才能作为证据使用。而且视频录像要求能够清晰地辨认双方，没有被剪辑，且拍摄者能够说明来源、拍摄时间、拍摄地点等详细信息。取证手段要合法，取证环节要完整。

3. 必要时，可申请公证处做证据保全公证。

来源于网络的视频资料、照片，除了要拷贝视频、照片外，还要保全信息来源和路径，对于网络证据，最好申请公证处做证据保全公证。

4. 悔过书、保证书、道歉书、承诺书类的书证。

这类书证的证据效力更高。邱女士在发现老公出轨后，不与其吵闹是对的，但少了推心置腹的谈话。袁先生不想离婚但又喜欢拈花惹草，邱女士应抓住他的弱点，给他一个承认错误和改正错误的机会。如在谈话中回忆过往、畅谈孩子的未来，让对方感到后悔。谈话中最好引导对方写一份悔过书、保证书、道歉书之类的材料，写明他与第三者的关系、出轨起因、时间、给第三者的钱款等，书面承认其与婚外第三者的关系。这些材料，日后可作为重婚或长期与他人非法同居的有力证据。

5. 报警记录。

如果发现老公和第三者开房，与其自己去拍照不如报警，以举报嫖娼为由是最好的办法。警察接到报警后，会出警到现场。这时不但有出警记录，还有询问笔录、详细的事实经过、两人之间的法律关系，这些是最完整的证据。当然这份证据是不会给报警人的，但在法院立案后，可以委托人民法院调取。

6. 同居的物业信息。

如果能找到过错方与第三者的租房合同、物业费缴纳单据、车位使用记录、房屋买卖信息就再好不过了。如有一对婚外同居男女，习以为常地过着"夫妻"生活，居委会也一直以为他们是夫妻，他俩在小区里出双入对，还经常一起做公益，被小区评为"五好家庭"，奖牌悬挂在住所门口，那么这些就是很有力的证据。"五好家庭"的牌子契合了法律规定的"长期稳定的，他人认为是夫妻"的所有法律构成要件。当然并非所有证据的取得都会如此顺利，但是这些都是线索。

综上，无论是书证、物证或微信聊天记录、视频，作为证据使用时，最好能相互佐证，形成完整、有效、严密的证据链，证明力会更强。

另外，在取证过程中，有哪些注意事项呢？

1. 证据要符合"三性"。

证据是认定过错的关键，依据民诉法"谁主张谁举证"

的原则，作为无过错方要求过错方承担赔偿责任的关键是完成举证责任。但婚外情的举证是当事人最难办的事。不收集，就没有证据；收集如此隐秘的证据，又面临着侵犯隐私权、名誉权的风险，最终收集的证据也很难被认定。因此，要严格取证的方法，严格证据的使用范围。证据只有具备"客观性、关联性、合法性"，不存在偷拍偷录等违反法律的一般禁止性规定，不侵害他人合法权益或违反社会公共利益和社会公德，才能得到法律支持。因此取证不但需要技巧还需要设计。

2.分清同居、姘居、通奸行为的法律关系，明确证据标准。

在离婚诉讼中，第三者侵权的表现形式一般分为三种。一为通奸，即配偶一方偶尔地与婚外异性发生性关系；二是姘居，即不以夫妻名义持续、稳定地共同居住；三是同居，即以夫妻名义持续稳定地居住生活。

在这三种形式中，偶尔与婚外异性发生性关系的通奸，我国《刑法》及相关法律没有对此做出规定，一般属于道德调整的范围，但可以成为离婚的理由。

对于有配偶与他人同居，或者明知他人有配偶仍与其同居的行为，则为法律所禁止。属于感情破裂而离婚的法定情形，过错方需要承担民事法律责任，可以少分或不分财产。无过错方可以向过错方请求精神上的损害赔偿，但无权向第三者要求赔偿。对于同居严重的或结婚的，还要追究重婚罪、破坏军人婚姻罪等刑事处罚。

现在很多人把精力放在"捉奸"上，其实这并不能得到精神索赔的支持。只有找到了有配偶又与第三者共同生活且时间较长、关系相对稳定的证据，才能让出轨者付出惨重的代价。因此在取证中要分清同居、姘居和通奸行为的法律关系，明确取证范围。

3. 有线索但不好取证的可以委托法院调取。

面对取证难的问题，还有一种办法，是委托法院调取。比如你发现了丈夫与第三者开房的证据，但酒店出于维护客户隐私的要求，不会为你出证。但是你可以把信息和线索提供给人民法院，依据《最高人民法院关于民事诉讼证据的若干规定》，对于涉及个人隐私或因客观原因不能自行收集的其他材料，当事人及其诉讼代理人根据在离婚诉讼中当事人知道的案件线索，可以向法院申请由法院调查取证收集证据。人民法院应当予以接受，这是对受害方的一种援助。

4. 在公共场所可以大胆取证。

如果对方在公共场所拥抱、亲吻甚至在野外发生性行为，由于该行为已经进入公共区域，行为人的行为就失去了狭义的私密性，因此，取得的证据容易被法院采纳。

5.严禁推断。

如妻子看见丈夫和异性进入宾馆，开房后一晚未出，或者进入异性房间一夜未出，这种情况属于"事出有因，但证据不足"。如果丈夫的这种行为是经常性、规律性的，还有其他证据，如双方交往的微信、联络的短信电话、互赠的书信礼物、住宿酒店的票据、证人证言、有关单位的证明，就能够形成一个严密的证据链对丈夫进行起诉了。

注意事项就介绍这些，希望能对你有所帮助。律师建议，受害者要相信人民法院会按照法定程序全面、客观地审核证据，依照法律规定、运用逻辑推理和日常生活经验，对证据有无证明力和证明力的大小进行判断，对违法行为定会给予制裁和惩罚。我们始终支持建设和谐家庭，相信家和万事兴。

2.2

离婚后如何争取到孩子的抚养权?

【引言】

乒乓球运动员福某和江某婚变，江某向法院递出离婚诉请，双方为争取孩子抚养权陷入拉锯战当中。虽然福某的收入远远高于江某，但孩子长期跟随江某一起生活，法院会从孩子利益最大化的角度考虑谁最适宜抚养，因此抚养权的归属还未有定论。其实离婚纠纷到最后，争议的焦点无非是财产和抚养权。那么如何顺利地取得孩子的抚养权，影响抚养权的因素又有哪些呢? 我们还是从一个真实的案例讲起。

【案例】

2017年2月，小铭7岁，他的父亲阿井与母亲阿媚因为离婚诉到法院，双方争论最大的问题是孩子的抚养权归谁，最终法庭判决小铭跟随父亲生活。但对母亲的探望权却未约定。随着时间的推移，儿子对母亲的感情日渐淡化，母亲十分痛苦，不希望在孩子成长中缺位，要有与儿子相处的时间，尽母亲的义务。2017年10月，母亲阿媚因为探望权再次与前夫对簿公堂。阿井称："曾就母亲探望征求过小铭的意见，小铭不同意见母亲。"法庭上，法官单独询问小铭，小铭表示不喜欢被安排和限制，不想与母亲共同生活。法院最终判定阿媚每月探视小铭两次，每次一天。

一年后，阿井与阿琴结婚，小铭有了继母，继母与他相处尚可。2020年初，阿井和阿琴有了自己的女儿。女儿的到来打破了家里的平静。继母对小铭的态度不像以往，夫妻俩也开始了无休止的争吵。女儿一周岁时，夫妻俩分居，阿井的婚姻又亮起了红灯。阿琴坚称两人性格不合，对重组家庭成员的复杂性预估不足导致家庭矛盾重重。分居半年后，阿琴向丈夫提出要么把小铭交给亲生母亲抚养，要么就离婚。阿井陷入了矛盾。与此同时，小铭与继母关系越来越恶劣。小铭在探望中对阿媚说想和阿媚一起生活，阿媚十分高兴。父亲为了儿子的身心健康，尊重了小铭的选择，双方同意变更小铭的抚养权，但在抚养费上却不能达成一致。阿井、阿媚第三次相见于法庭。法院审理后认为：变更抚养权应以有利于保护被抚养人的利益为原则。小铭已满 10 周岁，愿随生母生活，法院支持变更抚养权的请求。判决父亲阿井每月支付抚养费 4000 元至小铭 18 岁。

一波刚平一波又起，抚养权变更后一年，父亲阿井又将前妻告上法庭，原来是母亲阿媚擅自把小铭的姓氏改了，这次父亲不同意了，如果不改回来，就拒不付抚养费。后双方达成一致意见，母亲将孩子的姓氏又改了回来。

【会有办法】

在这个案例中，我们看到夫妻俩产生了四次纠纷，涉及抚养权、抚养费、变更抚养权、探望权、孩子改姓等问题，那么法律对这些问题是如何规定的呢？面对这些问题，我们该怎么办？到底什么条件下能取得抚养权呢？

首先，我们来谈谈离婚案件中，法官在判定抚养权时主要考虑哪些因素。

《民法典》第一千零八十四条规定："离婚后，不满两周岁的子女，以由母亲直接抚养为原则。已满两周岁的子女，父母双方对抚养问题协议不成的，由人民法院根据双方的具体情况，按照最有利于未成年子女的原则判决。

子女已满八周岁的，应当尊重其真实意愿。"

在离婚时子女归谁抚养主要基于以下原则。

1. 有利于子女的身心健康是离婚时子女抚养权判决的基本原则。

由谁抚养，以不改变子女的生活环境、有利于子女身心健康为原则，以子女利益最大化为出发点，结合父母双方的抚养能力和抚养条件及现状等具体情况妥善解决。

2. 两周岁以下的子女，一般随母亲生活。

两周岁以下的子女随母亲生活，这既是人们的习惯，也是法律的明确规定。两周岁以下子女随母亲，主要考虑的是孩子在哺乳期，母亲抚养子女成本最低、效果最好，也有利于子女的成长。但如果有证据证明母亲患有久治不愈的传染性疾病或其他严重疾病，子女不宜与其共同生活的，或母亲有抚养条件但不尽抚养义务，而父亲要求子女随其生活的，或因为其他原因，导致母亲可能因工作、学习或者染有吸毒、赌博、卖淫等恶习，或者离家出走下落不明等原因，而无法或难以妥善照顾小孩，致使子女无法随其共同生活的，或虽然是两周岁以下，但父母双方协议子女随父亲生活的，可以由父亲抚养。

3. 对两周岁以上八周岁以下的未成年子女，以不改变子女生长条件为原则。

对两周岁以上八周岁以下的未成年子女，以不改变子女生长条件为原则，父母均要求抚养子女的，一般优先考虑的条件为：一方已做绝育手术或因其他原因丧失生育能力的；子女随其生活时间较长，改变生活环境对子女健康成长明显不利的；一方无子女，而另一方有子女的；患有久治不愈的传染性疾病或其他严重疾病或者有其他不利于子女身心健康的情形。父母双方抚养子女的条件基本相同，双方均要求子女与其共同生活，但子女随祖父母或外祖父母生活多年，且祖父母或外祖父母要求并有能力帮助子女照顾孙子女或外孙子女的，可作为子女随父或母生活的优先条件予以考虑。

4. 八周岁以上的未成年子女，以尊重子女的意见为原则。

对八周岁以上的子女随父或随母生活发生争执时，一般以子女本人的意见为主。通常做法是：法官会单独与未成年子女谈话，按照子女的意见决定。因为八周岁以上子女已经具备了一定的识别能力，尊重其意愿更利于其健康成长。但这也并非绝对，因为有时子女出于其他原因，选择了对其成长明显不利的一方，人民法院一般也不会一味地从其选择，还会通过各种因素予以综合考虑。

5. 双方都要求抚养子女的，父母可以采用轮流抚养的方式。

面对离婚中双方都要孩子而且条件相当的，按照有利于保护子女利益的原则，父母可以协议轮流抚养子女。

那么怎样理解父母均有抚养能力呢？父母的抚养能力，

是指父母双方的经济收入、离婚后的居住条件以及是否具有教育子女、督促子女学习的能力和时间等。有人认为，男方家有别墅、女方家有公寓，这就是男方比女方条件好，实际不然，实务中，对父母双方的抚养能力、抚养条件等要进行综合判断，还要考虑到条件是动态发展的，因此分辨双方条件时还要带有一定的前瞻性。父母轮流抚养的方式也多种多样，有每家一个月的，也有半年轮换一次的，还有的上学在一处，放假在另一处等。轮流抚养子女有利有弊，由于家庭生活方式的不同，轮流抚养会不断改变孩子的生活环境，也会给子女身体带来不适。因此对轮流抚养的方式应当综合考虑。

6. 若双方都不争取孩子抚养权，也要判归一方抚养。

在离婚诉讼期间，虽然双方争夺子女是多数，但也有双方均拒绝抚养子女的，面对这种情况，人民法院一般也会依据子女的生活现状先行裁定暂由一方抚养。

在确定了父母的抚养权后，双方可以协议变更子女的抚养关系。另外，符合以下条件的，一方可以提出变更抚养关系申请，然后由人民法院予以变更：直接承担抚养义务的一方出现了因患严重疾病或因伤残无力继续抚养子女的；因犯罪被劳动教养、被逮捕、被收监服刑或者较长时间出国无法抚养的；与子女共同生活的一方不尽抚养义务或有虐待子女的行为，或与子女共同生活对子女健康确有不利影响的；八周岁以上的未成年子女，愿随另一方生活，该方又有直接抚养能力的；以及有其他正当理由需要变更的。

本案中的小铭，就是在自己选择了父亲后，因为家庭成员的变化，又变更为母亲抚养。在变更子女抚养关系和探望权纠纷中，最重要的是作为权利的请求方要有变更的证据。没有证据或证据不足，另一方坚决不同意，就很难得到法律的支持。

关于抚养费，《民法典》第一千零八十五条规定，离婚后，子女由一方直接抚养的，另一方应当负担部分或者全部抚养费。负担费用的多少和期限的长短，由双方协议；协议不成的，由人民法院判决。前款规定的协议或者判决，不妨碍子女在必要时向父母任何一方提出超过协议或者判决原定数额的合理要求。

实践中，子女抚养费的数额一般依据子女的实际需要、父母双方的负担能力和当地的实际生活水平确定。有固定收入的，抚养费一般可按月收入的20%至30%的比例给付，抚养两个孩子的抚养费不超过50%，抚养费的标准可以随着一方工资的变化增减。没有固定收入的，可按照当地最低生活标准支付。支付的时间，一直到子女18周岁。对于18周岁以后继续上学的费用，父母双方可以商定继续支付，没有支付能力的也可以拒绝支付。

探望权，即离婚后父母抚养子女的形式发生了变化，一方取得子女日常生活的照顾权，另一方则表现为探望权。但这些都没有改变父母双方的共同监护。在教育、升学、就业、疾病等与子女利益相关的事情上，双方还必须经过协商同意，以保障子女的最佳利益。《民法典》第一千零八十六条规定，离婚后不直接抚养子女的父或母有探望子女的权利，另一方有协助的义务。所以一方要保证另一方的探望权。行使探望权的方式、时间由当事人协议，协议不成的，由人民法院判决。父或母探望子女，不利于子女身心健康的，由人民法院依法中止探望，中止的事由消失后，应当恢复探望。

案例中还有一个关键点，就是子女的姓氏问题。那么，直接抚养子女的一方，有权改变子女姓氏吗？另一方可以以此为由不付抚养费吗？

一方擅自变更了子女姓氏引发纠纷的案例并不少见。直接抚养子女的一方未征得另一方同意就擅自改动孩子的姓氏，侵害了另一方的合法权利。依据《最高人民法院关于适用〈中华人民共和国民法典〉婚姻家庭编的解释（一）》第五十九条，父母不得因子女变更姓氏而拒付子女抚养费。父或母擅自将子女姓氏改为继母或继父姓氏而引起纠纷的，应当责令恢复原姓氏。

　　法理说清楚了，办法也在其中了。律师还是要提示女性朋友，在抚养权、变更子女抚养权、探望权、抚养费纠纷中，作为权利请求人最重要的是要有充足的证据，尤其是变更抚养权，没有证据或者证据不足时，如另一方坚决不同意，我们就很难得到法律的支持。而且父母子女抚养纠纷关系到家庭中每个成员，也将影响到家庭的和谐，因此一定要妥善处理。

2.3 "忠诚协议"有效吗？

【引言】

近年来，随着离婚率上升，许多夫妻为保障自身利益，选择签订"忠诚协议"，这无疑体现了公民法治意识的提高。在审判实践中对于"忠诚协议"的态度也越来越开明。从最早认为"忠诚协议"属道德义务而非法律义务，转变为"忠诚协议"也是一种合同，应受法律保护。那么"忠诚协议"包括哪些内容？如何签署才有效力？我们还是通过案例来解答。

【案例】

高某（男）与陈某（女）均系再婚，两人都曾经历过一段失败的婚姻。再婚的双方为保障婚姻的稳定性，在陈某的提议下，结婚前就签订了一份《夫妻忠诚协议》。协议约定，若高某出轨、有不忠的行为而导致离婚时，婚后共同购买的房产归陈某所有。两年后两人感情破裂，再次选择了离婚，此时陈某拿出《夫妻忠诚协议》、证明高某出轨的聊天记录及向公安机关报警的记录等证据，主张高某有过错，要求按照协议约定，婚后房产归己所有。而高某则认为签订《夫妻忠诚协议》时，双方并非合法夫妻，且该协议违背了《民法典》规定的婚姻自由原则，构成了对离婚自由的限制，因此认为该协议不具有合法性，是无效的。两人在无法达成一致意见后，诉至法院。人民法院审理后归纳争议焦点为：《夫妻忠诚协议》的效力。

双方辩论后，人民法院认为：协议是双方真实意思表示，内容没有违反法律禁止性规定，属于有效协议，对双方有约束力。法律也规定夫妻之间有相互忠诚的义务，高某婚内出轨的行为应当受到法律惩罚。现陈某认为高某出轨，对自己的感情造成了伤害，并违背了双方在结婚前订立的《夫妻忠诚协议》，聊天记录等证据能证明高某确实存在过错行为。因此按协议约定，法院支持了原告的请求，婚后购买的房产归陈某所有。判决后，高某不服，认为《夫妻忠诚协议》不过是为了哄老婆开心，自己的出轨行为，只不过是婚姻中开个小差，怎么能真的损失掉一套房子呢？于是提出上诉。二审法院审理后认为：《夫妻忠诚协议》正是当事人就私生活订立的合同，只要是双方在平等自愿、未受任何胁迫的前提下做出的真实意思表示，且内容没有违反法律的禁止性规定，也不损害他人和社会公共利益，就符合法律规定，就应受到法律保护。因此认定《夫妻忠诚协议》有效，有利于维护平等和睦的婚姻家庭关系，维持了一审判决。

【 会有办法 】

女性朋友在看完以上案例后，是不是也想效仿案中的原告，在步入婚姻殿堂前签署一份《夫妻忠诚协议》，以此来保护自己，维护自身合法权益？但怎样签订协议？什么样的协议是无效的？签订协议时又该注意哪些问题呢？我们从法律角度来对《夫妻忠诚协议》的性质、形式、效力、注意事项做具体的分析，告诉你要掌握的办法。

《夫妻忠诚协议》虽然属于协议的一种，但是法律并没有对此做明确规定，《民法典》第一千零五十六条规定：男女双方可以约定婚姻关系存续期间所得的财产以及婚前财产归各自所有、共同所有或者部分各自所有、部分共同所有。夫妻对婚姻关系存续期间所得的财产以及婚前财产的约定，对双方具有法律约束力。也就是说，在男女双方步入婚姻殿堂前，可以用书面形式对婚后双方的财产形式做出约定。比如是否实行"ＡＡ制"，全部还是部分实行"ＡＡ制"；对婚前财产有无特别约定等。但是《夫妻忠诚协议》其实不属于《民法典》规定的夫妻财产约定的范围。那么《夫妻忠诚协议》的性质和效力该如何认定呢？

司法实践中对《夫妻忠诚协议》的效力确实存在不同观点。有的法官认为《夫妻忠诚协议》无效，理由是：忠诚协议约定的内容，属于道德的范畴而非法定义务，不能适用《民法典》合同编规定的违约责任制度。但大部分专家学者认为，《民法典》婚姻家庭编第一千零四十三条规定的"夫妻应当互相忠实，互相尊重，互相关爱"就是夫妻忠诚协议的依据。因为该条法律是原则性的规定，属于倡导性的条款，夫妻围绕着相互忠实的原则签署具体的《夫妻忠诚协议》是符合立法原则的，在内容上只要不违反法律禁止性规定，是双方真实的意思表示，就是有效的。

但有的《夫妻忠诚协议》涉及"空床费"，这个有效吗？

举个例子，男女双方约定，晚上十二时至凌晨七时如果男方不回家，每 1 小时支付 100 元"空床费"。事后男方总计向女方出具了 4000 元"空床费"欠条。离婚时女方不但要求多分财产，还要求支付精神损失 2 万元和"空床费" 4000 元。法院认为"空床费"属于精神损害赔偿范畴，最终判决离婚，依法分割夫妻共同财产，同时判决男方支付女方精神损害抚慰金 4000 元。在判决书中法官对"空床费"的性质做了分析，判决书说"空床费"实质是丈夫无正当理由不能陪伴妻子，愿意支付一定数额的金钱给妻子以补偿，这看似属于道德层面和精神赔偿范畴，但与《民法典》规定的夫妻相互忠实义务原则相符，协议并不违反法律、行政法规，没有欺诈、胁迫或乘人之危情形，应当认定有效。

由此可归纳，《夫妻忠诚协议》根据其性质分为两种：其一，如果《夫妻忠诚协议》约定的内容没有限制婚姻自由等人身权利，只对婚内过错行为、对离婚时的赔偿方式及金钱给付进行约定的，这种协议就属于有效约定；其二，若协议出现剥夺和限制人身权利，如"发现出轨必须离婚""出轨方不得再婚""出轨方放弃子女监护权""出轨方放弃子女探视权"等涉及身份关系的内容，就违反了强制性的规定，因此该条款无效。也就是说，夫妻在婚姻关系存续期间签订的协议，经审查不存在欺诈、胁迫的情形，系双方当事人真实意思表示，不违反法律、行政法规的禁止性规定，应认定有效，离婚时一方主张按照协议履行的，人民法院应予支持。

在探讨了协议的性质和效力后，接下来就要教大家如何签署一份合法有效的协议，避免出现"签了也白签"的尴尬情况。

1. 协议要在双方自愿的前提下签订，且必须采用书面形式。

签订后有条件的最好进行公证。协议内容必须合法，且不能违反公序良俗，不能有隐瞒、欺诈、胁迫的行为，也不能乘人之危。如果在"出轨抓包现场"，尤其是以报警为前提条件签订的协议，会被认定为一方是在被胁迫的情况下签订的，协议无效。

2. 协议内容只能是财产性的，限制孩子抚养权、探视权或不准离婚之类的内容将被认定为无效。

通俗地说，协议可以约定"出轨就得赔钱"，但不能约定"出轨方不得再婚、不能探视孩子"等条款。

3. 协议拟定的违约事由，最好能与法定的财产分配、损害赔偿事由相符。

对于婚内出轨方要少分财产，《民法典》第一千零九十一条增加了"其他重大过错"导致离婚无过错方有损害赔偿请求权的条款，就是为无过错方要求多分财产、请求损害赔偿奠定了基础。同时无过错方发现另一方有出轨行为时，一定要保持冷静，搜集证据，这是争取赔偿的关键。

4. 违反忠诚义务的财产责任约定，要切实可行，最好约定一个明确的赔偿数额、计算方式或财产归属，同时该赔偿或财产份额不可在共同财产中占过高比例，不能漫天要价。

对"净身出户、全部财产归无过错方"等条款，法院在审理时往往会根据过错方的实际支付能力，判决一个合理的金额。比如过错方一年收入只有十万元，你要求出轨则赔偿十万元，显然是难以实现的。

5. 协议对财产分割的约定，不要以离婚为前提，最好不涉及离婚。

否则该约定很可能被认定为"以登记离婚或者到人民法院协议离婚为条件的财产分割协议"，在双方协议离婚未成或一方在离婚诉讼中反悔时，被认定为未生效。

以上几点都是实实在在的办法，一定要明白，避免原本为了维护自身权益、维持婚姻稳定而拟的忠诚协议，最终不但没有起到作用，反而给自己带来强势霸道的坏名声。

律师提醒广大女性，婚姻是需要经营的，如何更好地维持双方感情、提升生活品质、维持家庭和谐稳定也是协议的重要内容。婚姻试错的成本远高于谈恋爱。但如果不幸走到离婚的地步，协议的意义就会凸显，先情后理地签署忠诚协议和婚前协议不仅能够有效保障既得利益，还能预防婚姻带来的损失。

2.4 保险是不是个人财产？

【引言】

国内外名人都有投资保险的意识和习惯，甚至把保险当作财富的标志。的确，保险不仅是一份风险提示，也是养老、医疗、遗产规划的重要手段。保险越来越多地受到民众的关注和青睐，那么，保险到底属于什么性质的财产？在婚姻中，保险是否属于个人财产呢？我们一起来通过一个案例深入了解。

【案例】

2013 年王美（化名）和张亮（化名）经人介绍认识并结婚，2015 年育有一子腾腾（化名）。二人为了儿子的健康成长，

在腾腾出生时就购买了一份两全保险（分红型），每年投入
5万元，连续投保十年，投保期满就能获得保险收益和分红。
现已投入六年共30万。本来小家庭幸福美满，不料天有不
测风云。一日，王美在工作中发生意外，左臂被机器轧伤，
被认定为工伤，获赔10万余元。残疾后的王美因手臂不便，
家务活及照料孩子的重担自然落到了张亮肩上。繁重的家务
劳动让张亮情绪越来越坏，经常找碴儿吵架，最终两人走到
离婚的地步。说到离婚，双方对财产分割倒也明确，因为房
产是张亮婚前父母出资为其购买的，双方没有争议。最大的
争议是王美获得的10万元赔偿金和儿子腾腾的保单款30万
元。张亮认为这两项都属于夫妻共同财产，要求分割，且不
同意再支付保费。王美不同意，她认为自己身体健全时一边
工作一边照料家庭，跟着张亮生活多年，现在残疾了，走到
离婚这一步，不仅房子分不到，赔偿金和保险金还要被张亮
分走，绝对不行，而且，保险单是父母给孩子买的，最初就
带有储蓄性质，现支付了六年，不但不应当分割，反而还应
当继续履行，因为父母子女血缘关系不因离婚而消除，因此
王美不同意分割保单，且要求双方视保单款为抚养费的一部
分继续履行续保义务。

　　人民法院审理此案后，归纳出两个争议焦点：第一，
赔偿金是个人财产还是夫妻共同财产；第二，保险费应不应
当分割。在双方举证后法院认为，根据《民法典》第一千零

六十三条，一方因受到人身损害获得的赔偿或者补偿为夫妻一方的个人财产。因此，在本案中，王美在夫妻关系存续期间获得的工伤赔偿款应为其个人财产，若该款项由张亮实际控制，应当向王美予以返还。

法院对保险费的分析是：双方当事人在婚姻关系存续期间为腾腾购买的这份保险，是一种带有分红性质的集教育、医疗、生命的综合险，这份保单具有储蓄投资性质，在未来一定期限内将陆续获得现金利益的给付。因此，购买该份保险的行为不宜归类于消费的范畴。投保行为应认定为夫妻对共同财产的处分，该份保险的性质应认定为父母对于孩子的赠与行为。其中，赠与人是本案的原、被告，受赠人为双方的儿子——腾腾，这种赠与是出于自愿，并不是一种强制的义务。本案中，双方当事人基于自愿与保险公司签订了保险合同。根据该合同每年要履行一次赠与义务，即为儿子缴纳保险费。但鉴于赠与行为的法律性质，双方在每年实际缴纳保险费之前可停止赠与。如果一方不愿意继续缴纳保险费，即视为其撤销了对儿子的赠与。双方可以到保险公司办理变更手续。但一方要求分割保险费，由于保险还在履行中，其保险利益并未实现，因此其诉讼请求——把保险单作为共同财产分割没有法律依据。

【会有办法】

本案是近年来出现的新型财产分割案件，涉及的内容是人寿保险单中的财产在离婚中如何分割。的确，保险不仅是风险防范的象征，也是财富的象征。随着人们理财方式多样化，购买保险的家庭越来越多，投保的数额也越来越大，尤其是人寿保险已经作为家庭财产的一种，与存款、股票一样在离婚中遇到了如何分割的问题。但由于法律在保险分割上没有做出具体规定，因此存在诸多争议。为更好地统一认识，我们有必要对保险、保险单分割的原则做个了解。

1. 我国保险的种类和内容。

目前我国保险品种一般分为财产保险、人身保险和责任保险三种。财产保险为短期保险，一般一年一签。责任保险在家庭中一般表现为机动车责任保险，也是一年一签。但人身保险则不同，人身保险合同是以人的寿命或身体为保险标的的保险合同。人身保险合同按保障范围又可划分为人寿保险合同、人身意外伤害保险合同和健康保险合同。其中要数人寿保险合同时间长、保险数额大。

保险合同所涉及的保险主体有：保险人，是指与投保人订立保险合同并承担赔偿或者给付保险金责任的保险公司；投保人，是与保险人订立保险合同，并按照保险合同负有支付保险费义务的人；被保险人，是指其财产或人身受保险合同保障，享有保险金请求权的人；受益人，是指人身保险合同中由被保险人或者投保人指定享有保险金请求权的人。保险受益人可以是投保人也可以是被保险人。本案保险为分红型两全保险，投保人是父母，被保险人和受益人是子女。

2. 用共同财产投保后，夫妻离婚时保险费如何分割？

实践中对于用共同财产投保后，夫妻离婚时保险费如何分割的问题，一般掌握以下原则。

离婚时已经取得或者已经产生保险利益的，对于以夫妻一方或以夫妻双方为受益人的人身保险合同，除非双方当事人约定该保险金为受益人一方所有，否则应按照《民法典》规定，夫妻在婚姻关系存续期间所得的财产应作为夫妻共同财产分割；对于受益人为当事人子女或其他人的人身保险合同，该保险金应为该子女或他人的个人财产，不能作为共同财产进行分割。

离婚时尚在履行期间的人身保险利益的，以夫妻一方或双方为投保人并以一方或双方为受益人的人身保险合同，由于夫妻离婚时，这种预期利益没有实现，因此不应属于夫妻关系存续期间的财产。夫妻一方为投保人并以其亲属或对方亲属等为受益人的，可视为对受益人的一种赠与，不产生夫妻共同财产的分割问题。如果继续履行合同的一方当事人在离婚后退保，退保金可以按照夫妻共同财产分割。

夫妻一方或双方为投保人并以子女为受益人的，可参照以上两种情况进行处理，但应保证父母一方享有维持合同效力的权利，即一方提出解除合同，另一方提出继续缴纳保险费维持合同效力的要求，一般人民法院会支持继续缴纳保险费。

总之，无论哪种情况，夫妻在婚姻关系存续期间购买保险的行为，都应当认定为一种处分夫妻共同财产的行为，离婚时只能对现有的夫妻共同财产进行分割，至于保险合同中的财产利益则按以上原则处理。

指定受益人为夫妻一方的保险利益，具有特定的人身关系，应属于夫妻一方的个人财产，不属于夫妻共同财产。人身保险的受益人由被保险人或者投保人指定，被保险人死亡后，保险金作为被保险人的遗产，由保险人向被保险人的继承人履行给付保险金的义务。依照法律规定，保险利益主要表现为保险金。

此外，还有一些特别情况需要说明。

1. 在财产投资型保险中，如果夫妻双方在结婚前没有约定婚后财产为各自所有的，用夫妻共同财产购买的保险所得收益是夫妻共同财产。

如果婚前约定婚后收入归各自所有，婚后一方拿自己的工资收入买的投资理财型（定期分红）保险，属个人财产。也就是说，如果夫妻双方没有约定婚后实行"AA制"，那么婚姻关系存续期间的保险收益属于双方所有；如果夫妻双方结婚时约定双方实行"AA制"，那么一方用自己的财产所买的保险获得的收益属于个人财产。在实际操作中，如夫妻双方在离婚中对财产保险分割达成一致意见，需持生效的法院判决书、离婚协议书或离婚证向保险公司申请变更或解除，分割已支付的费用或退保后的费用。比如王美和张亮结婚后，用夫妻共同财产购买了一份财产保险，现在两人离婚，可以拿着离婚证向保险公司申请退保，退回的钱由两人分配。

2.对于夫妻相互投保人身险的处理方式。

第一种处理方式是选择退保，双方分割退保金。但退保对双方都不利，比如缴费不满10年的，退保拿到的退保金只有所缴保费的一小部分，尤其是重疾险类保单，年纪大了重新投保保费高，如果身体出现异常还可能不给予投保，因此不建议采用退保的处理方式。第二种处理方式为变更投保人。离婚后，由于双方不再具有保险利益关系，因此建议变更投保人，各自变更为自己保单的投保人，这样对双方更有利。

3. 针对夫妻给孩子或一方父母投保的情况。

离婚后，双方应协商由谁承担为孩子购买的保险的续期缴费义务，同时也可以选择由一方支付另一方一定的补偿金，由受补偿者继续承担孩子保险的续期缴费义务。如果是一方给另一方的父母购买保险，离婚后，建议及时变更投保人。此时，建议将夫妻共同财产缴纳的保费进行均分补偿给一方，或者双方通过其他方式进行协商。

说了这么多，那么离婚后出险，在保单未进行分割的情况下，理赔金该归谁所有呢？

如果是重疾险、意外险等人身保险，理赔金属于被保险人的个人财产。也就是谁得到了保险公司理赔，这个钱就是谁的，这笔钱不做分割。

由于寿险保单大多数是长期合同，投保人、被保险人如果在投保后发生家庭变故的，应及时向保险公司申请变更受益人。如果被保险人未做受益人变更，投保时指定的受益人在保险金兑现时出现变故，可能与被保险人的意愿相悖。依据《中华人民共和国保险法》的规定，受益权也要受到限制。

此外，如果夫妻一方当事人在离婚后不是保险合同的当事人和关系人，对于必须行使监督权的，离婚时应当要求法律赋予当事人查阅保险合同履行情况的有关权利，即保证该方当事人对保险合同履行的知情权。否则，由于其不是合同的当事人和关系人，无法知晓保险合同的履行情况，将使其不能依法行使自己的权利。

2.5 他的赌债，凭什么要我帮他还?

【引言】

凭借某历史剧皇后一角而翻红的女演员蔡某某，替母亲还了不少赌债，但奈何蔡母陋习不改，逼不得已，蔡某某最后还是选择了向媒体宣布与母亲断绝关系。这一举动在当年引起了很大反响，令人唏嘘。我们无法选择父母，但可以选择伴侣，若另一半是个赌徒，被债务缠身，该如何是好？他的赌债，难道也要我来还吗？

【案例】

28岁的小黄是一家美甲店的老板，生意做得风生水起，唯一的遗憾是终身大事还没着落。一天，小黄在酒吧认识了30岁的小钟，他打扮时髦、出手大方，深深吸引了小黄，两人一见钟情。自以为找到幸福的小黄无法自拔地坠入了"情网"，半年后两人登记结婚，小黄怀孕。待产期间，小黄行动不便且开销大，身为丈夫的小钟却不在身边照顾、不在店里帮忙，而是早出晚归不见人影。在小黄的追问下，小钟才告诉她，自己欠下债务，急需大笔资金填补空缺。小黄又急又气，二人多次争吵，小钟都用感情搪塞，用未来生活的蓝图和即将出生的孩子当借口想要小黄替他还债。小黄为了孩子拿出了婚前存下的50万元替老公还了债。本以为问题解决了，没想到小黄突然收到了法院传票。原来是债主石某找上门来。石某称小钟借了他200万元，到期后多次催要无果，只能将他们夫妇告上法庭。

庭审中，原告石某提供了小钟签署的借条、银行转账记录等证明借款事实存在，并称小钟、小黄的结婚登记情况证明该笔借款属于夫妻共同债务。小黄则表示，该借款自己不知情，也没有在借条上签字，钱也没有用在家庭生活中，不应作为夫妻共同债务。

法院审理后认为，合法的借贷关系受法律保护。石某与小钟之间债务关系清楚，且有借款、转账记录等证据为凭，法院予以确认。但对该债务是否属于夫妻共同债务的问题，法院认为：虽然借款发生在夫妻关系存续期间，但200万元

的大额债务明显超出了家庭日常生活需要，根据小黄提供的
家庭日常开销和美甲店的经营流水，这笔钱并没有用于家庭
生活和门店生意，且借条上并无小黄的签名，事后小黄既不
知情也没追认。原告也未提供能证明该债务用于夫妻共同生
活、共同生产经营或者基于夫妻双方共同意思表示的证据。
因此原告要求夫妇共同还债的请求法院不予支持。

得知审判结果，小黄松了一口气。在法庭调查中小黄才
得知，小钟好赌，曾经赢过钱，所以出手大方，但赌输是常事。
小黄追悔莫及，恨自己选错了人，为了以后的生活，她决定
尽快离婚，躲开这个赌徒。为了不让小黄吃亏，我们先帮助
小黄来认识一下什么是夫妻共同债务。

【会有办法】

夫妻作为家庭的核心，不可避免地要与外界发生经济
往来，包括举债。但并不是所有婚姻关系存续期间发生的
债务都是夫妻共同债务。近年来频频出现离婚后一方莫名
其妙背负了巨额债务以及夫妻假意离婚逃避债务的极端案
例，使得夫妻共同债务的认定成为社会关注的热点问题。
那么如何认定夫妻共同债务呢？

《民法典》第一千零六十四条规定，夫妻双方共同签

名或者夫妻一方事后追认等共同意思表示所负的债务，以及夫妻一方在婚姻关系存续期间以个人名义为家庭日常生活需要所负的债务，属于夫妻共同债务。夫妻一方在婚姻关系存续期间以个人名义超出家庭日常生活需要所负的债务，不属于夫妻共同债务；但是，债权人能够证明该债务用于夫妻共同生活、共同生产经营或者基于夫妻双方共同意思表示的除外。这一规定让我们明确了夫妻债务认定是以"共债共签"为基本原则、以"家事代理"作为补充规则。

具体来说，本案中，如果借条上有二人的签名，那么该笔借款就属于夫妻共同债务，由二人共同偿还。如果借条上只有丈夫一人的签名，事后小黄表示同意一起还钱，属于事后追认该笔借款，也可以认定为夫妻共同债务。如果案例中小钟向石某借200万元购买房屋、汽车或供家庭、门店经营使用，即使妻子表示不知情，也没有在借条上签字，但因为该笔借款用于家庭生活，也属于夫妻共同债务。

从《民法典》的规定中我们看出，当债务只有一方签字时，债务是否用于家庭日常生活，就成了认定是否为夫妻共同债务的关键。那么，家庭日常生活所需该如何界定呢？

根据国家统计局有关调查显示，我国城镇居民家庭消费种类主要分为食品、衣着、家庭设备用品等八大类。家庭日常生活的范围，可以参考这八大类，根据夫妻共同生活的状态，比如双方的职业、身份、资产、收入、兴趣、家庭人数等因素，还包括未成年子女的抚养和教育费用支出、家庭成员的医疗费用支出等事项，再结合当地一般社会生活习惯予以认定。

从上述案例中我们应当悟出一个道理，男女双方一旦成为夫妻，就存在法律上的深度捆绑，所以在选择伴侣时一定要擦亮双眼。人品靠谱还好，凭借两个人的合力，日子会越来越有奔头；若不幸遇上个不靠谱的，就容易被巨额债务拖入深渊。关于涉及夫妻共同债务的处理方法，律师建议如下。

1. 作为债权人，要明确债务是个人债务还是夫妻共同债务。

作为债权人，在出借款时不仅要考察债务人个人的偿还能力，还应该考察债务人的婚姻情况和家庭经济状况，明确债务是个人债务还是夫妻共同债务。提前考虑好债务的追偿，是向债务人个人提起还是向债务人夫妻共同提起。为减少风险，让债务人夫妇在借条上共同签字是最稳妥的方法。

2. 对于一方而言，为避免该债务被认定为夫妻共同债务，可以这样做。

对于夫妻一方而言，若债务已经形成，为避免该债务被认定为夫妻共同债务，应当明确告知债权人自己的反对意见。并搜集证据证明借款并非用于夫妻共同生活、共同生产经营，并且避免债权人通过某些方法，如电话录音、短信、微信的形式固定证据，认定为自己对债务的追认。

3. 在夫妻关系存续期间，一方从事个体经营或者承包经营的，其收入为夫妻共有财产，债务也以夫妻共有财产清偿。

在审判实践中，对此类债务，我们可以分情况看待：如小黄的美甲店急需 10 万元周转，于是小黄向石某借款 10 万元，由于美甲店的日常收益是用于夫妻共同生活的，因此该借款属于夫妻共同债务。但若明明只需要 10 万元，可小黄却向石某借款 100 万元，那么除非石某能够证明这 100 万元完全用于小黄家庭或经营所需，否则这些钱就是小黄的个人债务。

4. 对从事非法经营引起的债务，如果该活动由夫妻双方共同参与经营或虽由夫妻一方进行，但另一方明知其配偶从事非法活动而不反对的，也应作为夫妻共同债务认定。

这就是《最高人民法院关于适用〈中华人民共和国民法典〉婚姻家庭编的解释（一）》关于夫妻共同债务的相关规定的第三十四条，夫妻一方与第三人串通，虚构债务，第三人主张该债务为夫妻共同债务的，人民法院不予支持。夫妻一方在从事赌博、吸毒等违法犯罪活动中所负债务，第三人主张该债务为夫妻共同债务的，人民法院不予支持。

遇到这样有不良嗜好的丈夫，在没有离婚的时候，为了保护家庭财产，还有一种办法：请求婚内分割夫妻共同财产。

在夫妻关系存续期间，一方有隐藏、转移、变卖、毁损、挥霍夫妻共同财产或者伪造夫妻共同债务等严重损害夫妻共同财产利益的行为；或一方负有法定扶养义务的人患重大疾病需要医治，另一方不同意支付相关医疗费用，则可以请求婚内分割夫妻共同财产，这是《民法典》第一千零六十六条的规定。

比如小黄发现小钟有隐藏、转移、变卖、毁损、挥霍共同存款，或者和第三人串通伪造债务企图转移共同财产的行为，或是小钟在偷偷借高利贷赌博，或小黄的母亲病重需要一大笔钱医治但小钟不同意的情形……小黄都可以及时锁定证据，然后向法院要求进行婚内财产分割，先保住一部分财产，也是给自己留退路，避免整个家庭被拖入深渊。

办法就说到这里。律师还要提醒姐妹们，结婚不一定都像童话故事那般幸福，婚姻更现实，需要我们付出比恋爱更多的精力去经营。我们常说"钱在哪儿，心在哪儿"，婚姻是夫妻二人财产及人身的深度捆绑，所以一定要对婚姻生活中的财产来源、流向有所掌控。若是放松警惕，一不小心就有可能给家庭带来毁灭性打击，造成不可挽回的损失。

最后还要提醒女性朋友，他的赌债，我们绝不能替他还！

2.6
对家暴一定要零容忍

【引言】

说起家暴，很多人第一时间想到的是一部以家暴为主题的电视剧，观众们对电视剧中的家暴渣男憎恨不已，社会群众对家暴现象也已接近零容忍的态度。随着普法教育及反家暴立法的适时推动，全民的法律意识、社会的文明程度都有所提高，但家暴现象在一些地区还以不同形式存在着。家庭暴力虽然发生在家庭中，但造成的后果却是社会问题，如果处理不及时，还会形成恶性事件。事实上，在监狱服刑的女性人员中，就有不少人是因长期遭受家庭暴力，最后走向极端，选择了以暴制暴。那么，遭遇家暴该如何自救？反对家庭暴力我们有什么办法呢？

【案例】

　　小丽大学毕业后，回到西南某四线城市工作。在这里，25 岁左右的姑娘都结婚了，甚至已经成了"孩儿他娘"。29 岁的小丽可算是名副其实的"大龄剩女"了。为了赶在而立之年把自己嫁出去，小丽一直在相亲。2017 年年底，在亲戚的介绍下，小丽与 33 岁的大强相识。家里人对大强的评价是忠厚老实。两人很快就走进了婚姻的殿堂，婚后育有一子一女，家庭生活很是艰苦。大强人虽老实，但有个陋习——好喝酒，酒后发酒疯就打人，尤其是在生活压力大时更是变本加厉。小丽经常被打得青一块紫一块。

　　一天，小丽和朋友聚会回家晚了些，大强就从不满到破口大骂，小丽先是忍着，最后还了嘴，大强借着酒后邪火，上手就打，小丽在躲闪的时候也打到了大强的脸。大强一手抓住小丽的头发，用拳头挥打小丽，致使小丽的左臂、腰部、臀部都被打伤。第二天大强还不让小丽出门。晚上 8 点多趁大强酒后熟睡之际，小丽逃回娘家。事后，大强表示十分后悔，跑到岳父家道歉，看在两个孩子的面上，小丽原谅了大强。

　　但好景不长，大强因工作不顺心，又回家酗酒、骂孩子。小丽只是说了几句，就又被大强拳打脚踢。无奈之际，小丽拨打了 110，警察将大强带到了派出所，小丽被送到医院治疗。经诊断，小丽腿部软组织大面积挫伤，花去医药费1000 元。躺在病床上的小丽真是伤透了心，想到今后的日子，小丽决定离婚，她向法院提起诉讼，并以家庭暴力有重大过错为由，要求大强赔偿精神损失费。人民法院审理后认为被告的行为构成了家庭暴力，属于《民法典》中规定的过错行为，判决原、被告离婚，婚生子女由小丽抚养，家庭共同财产中的大部分归女方，被告赔偿女方精神损失费5000元。

【 会有办法 】

本案是一起由家庭暴力引发的离婚案件。在婚姻存续期间，夫妻中某一方遭到家庭暴力，该怎么办呢？

随着《中华人民共和国反家庭暴力法》（以下简称《反家庭暴力法》）的实施，家庭暴力不再是家庭私事，而被认定为违法行为。那么，从法律上来讲，什么是家暴？家暴的形式有哪些？一旦遭遇家暴该如何自救？

家庭暴力，简称家暴，它是发生在家庭成员之间以殴打、捆绑、禁闭、残害或其他手段对家庭成员从身体、心理、性等方面进行伤害、摧残的行为。家庭暴力不仅包括身体暴力，还包括精神暴力。家庭暴力常伴随着门内绝望的尖叫和哭声，各种硬物被砸而发出的响声，求饶和各种辱骂声，小孩的哭声，施暴者的怒吼，被施暴人无助绝望的叫喊声，一地狼藉，一片混乱。

家庭暴力的表现形式多种多样。一种为肉体损伤，性攻击、拳打脚踢最为常见；还有一种是冷暴力，即精神情感上的折磨，如威胁、恫吓、孤立、不理不睬等。家庭暴力的特点是：普遍性、严重性、反复性。

那么遭受家庭暴力时，我们应该怎么做呢？

1. 学会自保。

面对家庭暴力，首先要保持冷静，避免顶撞与刺激施暴者，必要时可向施暴者求饶示弱，缓解其情绪，以免遭到施暴者的激情施暴或再次伤害。在吵架时，很多女性喜欢与对方讲道理证明自己是正确的，甚至与对方纠缠、对骂、说刺激性语言。但女同胞要注意，对方可能因此成为施暴者！遇到伤害你的人，学会自保是第一位的，求饶并不意味着懦弱，而是一种自我保护手段。尤其要注意保护自己的头部、颈部、胸部等重要部位，以免受到严重的伤害，同时，要找机会躲到屋子里最安全的地方或想办法逃跑。

2. 求助。

第一，向邻居、朋友、亲人甚至路过的陌生人大声呼救，寻求帮助。

第二，拨打110报警求救。公安机关接到家庭暴力报案后会及时出警，立案查处，固定伤情证据，进行伤情鉴定，按照规定调查取证，协助受害人就医。对于家庭暴力情节较轻，依法不给予治安处罚的，由公安机关对加害人给予批评教育或出具告诫书；对于家庭暴力情节严重的，由公安机关给予治安处罚或出具告诫书。告诫书出具后，可以督促居委会、村委会、派出所对收到告诫书的加害人进行查访或监督。对于情节严重的，按照有关法律规定，让施暴者受到刑事制裁，依据被害人的伤情判处有期徒刑。如果说被申请人违反了人身保护令的，构成犯罪的，也要依法追究刑事责任。尚不构成犯罪的，人民法院应当给予训诫，或者根据情节轻重，处以 1000 元以下的罚款和 15 日以下的拘留。

第三，拨打全国妇联妇女维权公益服务热线——12338、全国妇联反家暴热线——16838198 求助，向所在单位、居委会、街道办事处、妇联、法律服务机构求助，去律师事务所咨询律师或去当地法律援助中心申请免费法律援助。

3. 申请人身保护令。

当遭受暴力，情况紧急或者无处居住时，受害人或其近亲属、法定代理人可以书面申请的方式向申请人或者被申请人居住地、家庭暴力发生地的基层人民法院提出申请人身保护令。法院在收到申请后，会在 48 小时内作出裁定。对于诉中保护令，则会在收到申请后 3 个工作日内作出裁定，核发具有强制力的人身安全保护裁定。人身保护令可保护家庭暴力受害人及其特定家属的人身安全，防止家庭暴力继续发生。人身安全保护令时效不超过 6 个月，自作出之日起生效。人身安全保护令失效之前，人民法院可以根据申请人的申请撤销、变更或延长。

人身保护令的内容包含：禁止被申请人实施家庭暴力；禁止被申请人骚扰、跟踪、接触申请人及其相关近亲属；责令被申请人迁出申请人住所；保护申请人人身安全的其他措施。对违反人身安全保护令的行为，构成犯罪的，依法追究刑事责任；尚不构成犯罪的，人民法院应当给予训诫，可以根据情节轻重处以一千元以下罚款、十五日以下拘留。

4. 取证。

首先到医院就医并要求验伤，情况严重的可以进行伤情鉴定，注意保留伤情照片、诊断证明、病历资料、鉴定意见等。如果是精神方面受到暴力和伤害，受过心理咨询或治疗的，有关的诊断建议、诊断结果、治疗病历等也应注意保留。

其次向求助单位报告，并且让有关单位出具涉及事情经过、受伤情况、处理结果的书面材料。向公安机关报案的，要求公安机关出具报警回执，制作询问笔录，出具处罚决定书或告诫书等。尤其是询问笔录，施暴者在接受询问时，需要把事情经过交代清楚并签字。另外还可以通过摄像头、手机、录音笔等设备进行取证。比如对方有家暴陋习的，最好在家里安装摄像头，或家暴时用手机、录音笔等实时记录家暴过程，事后还可以录取加害人承认家暴的对话、道歉等。这样的取证要注意设备的隐蔽性，不要被对方发现，也要注意录音录像的完整性，不要删减。如果短信、聊天记录、朋友圈记录了家暴事实的，也应注意保留。

上述取证方式，在形式上属于书证，因此要有原始载体，而不仅仅是口述；在内容上，最好要体现家暴发生的时间、地点、人物、情节等，而不仅仅是受伤照片或报警记录。如果加害人表示悔过、保证，最好让加害人出具悔过书、保证书等书面材料，并注意把家暴过程受伤情况等记录进去。如果有证人，最好让证人出具证言，后续有需要的话，说服证人出庭作证。

5. 离婚。

在婚姻中，遭受家庭暴力的一方在离婚时可以申请医疗费、因家暴导致的误工费、护理费、交通费、住宿费、住院伙食补助费、营养费、残疾赔偿金（残疾者生活补助费）、残疾辅助器具费等费用赔偿，另外还可以申请精神损害赔偿金。人民法院在审理涉及家庭暴力的案件时，会根据公安机关出警记录、告诫书、伤情鉴定意见等证据，认定家庭暴力事实。如果因为家庭暴力而离婚，为了孩子以后的健康成长，被家暴一方应该要努力争取孩子的抚养权。法院在判决抚养权归属时会考虑家暴的情形，一般不会把抚养权给经常家暴的一方。

另外，《反家庭暴力法》还规定了监护权的撤销。也就是说，未成年人、精神病人、失智老人、残障人士等特殊人群的监护人实施家庭暴力，严重侵害被监护人合法权益的，人民法院可以根据被监护人的近亲属、居民委员会、村民委员会、县级人民政府民政部门等有关人员或者单位的申请，依法撤销其监护人资格，另行指定监护人。但是，被撤销监护人资格的家庭暴力加害人，应当继续负担相应的赡养、扶养、抚养费用。

6. 心理疏导。

遭受家暴后的妇女，可能会出现抑郁、焦虑、恐惧等不良情绪，因此受害女性要重视家暴产生的心理变化和心理问题，改善个人情绪，减轻身心压力。可以及时向朋友或家人倾诉，释放负面情绪，或向社会机构寻求心理疏导、婚姻家庭咨询等帮助，获得心理支持及家庭关系指导。部分抑郁、焦虑等程度严重的女性需要及时就医，配合治疗。不要被自怨自艾，感叹"我当时怎么瞎了眼，嫁给这种人，我真命苦"，或被"家丑不可外扬"等传统观念所束缚，要积极地振作起来。

7. 全社会要积极行动，预防和制止家庭暴力。

家庭暴力不是个人私事而是社会公害，不是一般的家庭纠纷而是违法犯罪，是对家庭成员人权的侵犯。反对家庭暴力不但是先进的理念，也是尊重和保障人权的宪法精神在家庭中的体现。反对家庭暴力是国家、社会和每个家庭的共同责任。让我们大家帮助受害者打破沉默，加大对于受害者的舆论支持、法律帮助以及心理疏导，相信当今的社会，只要凝聚更广泛的社会共识，在机制上形成合力，就能筑起反对家庭暴力的坚强防线。

姐妹们，让我们一起大声喊出："对家暴，零容忍！"

2.7 离婚冷静期一定要等 30 天吗?

【引言】

2021 年 3 月，合肥一女子因夫妻感情不和，在离婚冷静期内带着一双儿女从 24 楼坠亡，再次把离婚冷静期推上了热搜。很多人开始质疑离婚冷静期的合理性，有人说："如果能顺利离婚就不会发生悲剧了。"也有人说："离婚冷静期是有爱夫妻的保护伞，无爱夫妻的绊脚石。"不少网友认为离婚冷静期意味着离婚难度加大了，会给离婚当事人造成负担；也有人质疑离婚冷静期真的需要 30 天吗？其实合肥女子跳楼与离婚冷静期没有直接关系，因为只要达成一致意见，可以直接走人民法院绿色通道，离婚很快就可以办理。该女子选择跳楼说明她忘记了诉讼离婚的途径。所以我们有必要与大家讨论一下离婚冷静期设立的意义、程序，以及诉讼离婚和协议离婚的利弊。

我们还是从一个案例说起。

【案例】

张某与丈夫郝某 2015 年相识，后发展成恋人并结婚。2017 年，两人有了孩子，随着孩子的成长，双方因家庭生活琐事经常争吵，致夫妻关系失和，春节过后又因为一件小事发生争执，一气之下张某提出了离婚，郝某说："离就离谁怕谁呀！"于是，2021 年 3 月 22 日，张某和丈夫拿着写好的离婚协议书，到县婚姻登记处办理协议离婚手续。孩子的抚养权、财产等都已分割清楚。婚姻登记机关按照规定要求等冷静期后再来领取离婚证。可冷静期后，张某和郝某和好了，他们撤回了离婚申请。由此可见，离婚冷静期，作为《民法典》婚姻家庭编的一项新规，主要适用于协议离婚中冲动离婚的情况，感情基础仍在的夫妇会在冷静时间内回归理性，慎重对待来之不易的婚姻。

【会有办法】

近年来我国的离婚率直线上升，出现了很多冲动型离婚的人，尤其是 90 后。举个极端的例子，北京一对夫妻在一个月内结婚、离婚八次。上午办结婚证，下午就去离婚。后来工作人员说，按照习惯做法不能当天结当天离，让他们第二天再办。这样草率离婚的例子很多，使得立法人员在思考离婚程序是否太简单，成本是否太低而导致离婚太随意。针对这种情况，一些地方政府开始做离婚冷静期试点，如山东济南、安徽蚌埠都曾试行协议离婚的预约期，实践效果良好，确实让冲动离婚的夫妻和好了，离婚率也降低了。考虑到离婚率对社会稳定程度、婚姻解体对未成年子女的影响，为防止轻率离婚，把离婚率保持在一个平稳的水平，在经过多次论证和讨论后，立法者决定把离婚冷静期正式写入《民法典》。

说了这么多，离婚冷静期的准确含义是什么呢？

离婚冷静期，是指夫妻协议离婚时，给要求离婚的双方当事人一段时间，强制当事人暂时搁置离婚纠纷，在法定期限内冷静思考离婚问题，这个法律规定当事人冷静思考离婚问题的期限称为离婚冷静期。世界上很多国家都有关于离婚冷静期的规定，只是名称不同，其目的都是对离婚进行干预，降低离婚率，对婚姻的瓦解起到缓冲作用。自 2021 年 1 月 1 日起，离婚登记程序为申请—受理—冷静期—审查—登记（发证）五个步骤。与此前相比，离婚程序中新增了冷静期这一步骤。

离婚冷静期针对的主要是"闪婚闪离"尤其是"冲动离婚"现象。自 2001 年以来，我国离婚率呈持续上升趋势，2003 年《婚姻登记条例》的修改进一步简化了在民政部门办理离婚登记的条件和审查程序，协议离婚比例逐渐提高，也出现中华人民共和国成立以来的第三次离婚高峰。为了减少这种现象，《民法典》就从制度上进行了设计，通过设立离婚冷静期，给有挽救可能的婚姻多一次机会。这个制度确实起到了让婚姻中的男女双方冷静协商、妥善解决婚姻内存在的各种各样问题的作用。这一制度实施半年来，离婚人数明显减少。有数据显示，我国近几年离婚登记对数约为结婚登记对数的一半，而到了 2021 年上半年，离婚登记对数仅为结婚登记对数的四分之一。这就是离婚冷静期的效果，对于婚姻家庭、社会稳定都起到了积极作用。

为了实现离婚冷静期所承载的法律功能，让《民法典》有效贯彻实施，在离婚冷静期内，有关部门一方面引入更多的专业力量，对婚姻关系出现问题的家庭进行法治引导和心理疏导；另一方面，民政部门可以借此提升婚姻教育的专业能力，提高以人民为中心、以问题为导向的多元化解婚姻家事矛盾的综治能力，减少因离婚时缺乏引导疏导而导致的后续离婚协议纠纷和诉讼增多的情况。

不过，需要强调的是，离婚冷静期仅适用于协议离婚，诉讼离婚不适用离婚冷静期制度。公众关注的"冷静期规定是否不利于保护受家暴当事人"的问题，其实是一种片面解读，因为有家暴情形的当事人可以向人民法院起诉离婚。因此，冷静期不存在不利于保护遭受家暴当事人的问题，因为协议离婚的前提是双方可以一起去离婚，而家暴中的夫妻很难在一起协商问题。

那么，目前协议离婚登记程序是怎样的呢？根据《民法典》第一千零七十六条、一千零七十七条、一千零七十八条规定，协议离婚登记按如下程序办理。

1. 申请。

夫妻双方自愿离婚的，应当签订书面离婚协议，共同到有管辖权的婚姻登记机关提出申请，并提供如下证件和证明材料：内地婚姻登记机关或者中国驻外使（领）馆颁发的结婚证；男女双方有效期内长期身份证、户口簿；在婚姻登记机关现场填写的《离婚登记申请书》。

2. 受理。

婚姻登记机关按照《婚姻登记工作规范》有关规定对当事人提交的上述材料进行初审。申请办理离婚登记的当事人有一本结婚证丢失的，当事人应当书面声明遗失，婚姻登记机关可以根据另一本结婚证受理离婚登记申请；申请办理离婚登记的当事人两本结婚证都丢失的，当事人应当书面声明结婚证遗失并提供加盖查档专用章的结婚登记档案复印件，婚姻登记机关可根据当事人提供的上述材料受理离婚登记申请。婚姻登记机关对当事人提交的证件和证明材料初审无误后，发给《离婚登记申请受理回执单》。不符合离婚登记申请条件的，不予受理。当事人要求出具《不予受理离婚登记申请告知书》的，应当出具。

3. 冷静期。

自婚姻登记机关收到离婚登记申请并向当事人发放《离婚登记申请受理回执单》之日起三十日内，任何一方不愿意离婚的，可以持本人有效身份证件和《离婚登记申请受理回执单》（遗失的可不提供，但需书面说明情况），向受理离婚登记申请的婚姻登记机关撤回离婚登记申请，并亲自填写《撤回离婚登记申请书》。经婚姻登记机关核实无误后，发给《撤回离婚登记申请确认单》，并将《离婚登记申请书》《撤回离婚登记申请书》《撤回离婚登记申请确认单（存根联）》一并存档。自离婚冷静期届满后三十日内，双方未共同到婚姻登记机关申请发给离婚证的，视为撤回离婚登记申请。

4. 审查。

自离婚冷静期届满后三十日内，双方当事人应当持《离婚登记申请受理回执单》、身份证、户口簿、结婚证、双方自愿签订的离婚协议书（一式三份）、两张近期2寸单人证件照，共同到婚姻登记机关申请发给离婚证。婚姻登记机关按照《婚姻登记工作规范》审查。婚姻登记机关对不符合离婚登记条件的，不予办理。当事人要求出具《不予办理离婚登记告知书》的，应当出具。

关于时间计算的说明：冷静期三十天。自婚姻登记机关收到离婚登记申请之日的次日开始计算期间，期间的最后一日是法定休假日的，以法定休假日结束的次日为期间的最后一日，即冷静期的最后一天，可受理当事人的撤回申请，但不可办理离婚登记。审查登记期三十天。自冷静期届满日的次日开始计算期间，期间的最后一日是法定休假日的，以法定休假日结束的次日为期间的最后一日，在审查登记期三十天内的任意一工作日，当事人双方共同到婚姻登记机关申请办理离婚登记，因各种原因导致办理不成功的，之后工作日内都可以受理，如果在审查登记期三十天内，双方没有共同到婚姻登记机关办理离婚登记的，离婚登记程序自行终止，如超过三十天要办理的，需重新申请。

5. 登记（发证）。

婚姻登记机关按照《婚姻登记工作规范》第五十八条至六十条规定予以登记，发给离婚证。离婚协议书一式三份，男女双方各一份并自行保存，婚姻登记机关存档一份。自离婚冷静期届满后三十日内，双方未共同到婚姻登记机关申请发给离婚证的，视为撤回离婚登记申请。

刚刚我们提到了，离婚冷静期仅适用于协议离婚，不适用于起诉离婚。那么，协议离婚与诉讼离婚有什么区别？它们的利弊又是怎样的呢？

婚姻当事人都同意离婚，并对孩子抚养、财产分割达成了一致意见后，可以采取协议离婚的方式。而诉讼离婚，顾名思义就是到法院打离婚官司，通常是夫妻双方因为是否离婚、子女的抚养、财产的分割和债务的分担不能达成一致而向人民法院起诉，人民法院经过开庭审理后，通过判决或调解的方式解除婚姻关系。

诉讼离婚适用要件包含主体要件和实质要件两方面。主体要件，即办理了结婚登记的合法配偶或具有同居关系的男女双方。实质要件，即夫妻一方要求离婚，而另一方不同意离婚的；双方自愿离婚，但就子女抚养、财产分割、债务负担等问题无法达成一致意见的；双方都同意离婚，但一方不在国内居住，或下落不明或宣告失踪，或被劳教、劳改而无法亲自去办理登记离婚的。

从时间来看，诉讼离婚的一审简易程序审限3个月，普通程序6个月。如遇不服一审判决上诉的，二审一律适用普通程序，审限3个月。不论一审二审，如有特殊情况审限还可能延长。而协议离婚则比较简单，只要双方材料齐全，没有争议，半天即可完成离婚手续。

从费用看，诉讼离婚需承担法院的诉讼费及财产分割标的费；而协议离婚只需要缴纳工本费。

从程序上考虑，诉讼离婚要经过审查、受理、送达、举证、开庭等程序；协议离婚相对简捷，避免了诉累。

总的来说，协议离婚具有时间短、费用低、矛盾小、方便快捷等特点。按《婚姻登记条例》规定，离婚双方共同到一方常住户口所在地的婚姻登记机关办理离婚手续即可。所以律师建议，双方在孩子抚养权、财产分割上能达成一致意见的，最好选择协议离婚；一方想快速离婚的，也倾向于协议离婚；一方有过错，通常也会被迫选择协议离婚；一方或双方好面子，也大概率会协议离婚。但是对于一方想离而另一方不同意的，双方都同意离婚但孩子抚养权或财产分割等问题谈不拢的，最好选择到法院诉讼离婚。

总之，婚姻破裂毕竟是件不愉快的事，无论是协议离婚还是诉讼离婚，律师建议大家都要谨慎考虑。为了理智地处理孩子抚养问题和财产问题，不留后患，还是希望大家找专家和律师做参谋，为你的婚姻画上一个圆满的句号。

第三章

"

原生家庭没有理由一直伤害你

3.1
娘家兄弟不承认我的继承权，有效吗？

【引言】

　　歌手萧某某五岁时父母离异，从小和母亲相依为命。她的母亲不仅一人拉扯姐弟俩，还凭借自身的努力成了某企业董事长，身价过亿。2010 年，萧某某的母亲因病去世，留给她 10 亿新台币的遗产和 8000 万新台币的嫁妆钱。萧某某无疑是幸运的，因为她得到了母亲的大部分遗产。现实生活中，很多女性就没那么好运了，很多地方在遗产继承上仍残存着"传男不传女"的思想，尤其是外嫁女离开村子，就更没有资格继承父母遗产了。面对这种情况该怎么办？法律又是怎么规定的呢？

【案例】

李红（化名）与李波（化名）系同胞姐弟。母亲龚某和父亲李某含辛茹苦将他们抚养成人并各自成家。女儿李红嫁到了外地，逢年过节会回来看望老两口，儿子李波则在本村成家，和父母住前后院。老两口奋斗了一辈子，在村里建起了三层小楼，帮忙照看孙子，日子过得怡然自得。2009年母亲龚某去世，3年后父亲李某也去世了。去世时老两口没有留下遗嘱，儿子整理遗物时，发现父母共留下银行存款8万元、117平方米的店面房、三层占地150平方米的老房屋、祖传金银首饰等遗产。姐弟两人因为遗产分割起了冲突。姐姐李红认为：作为女儿，年幼时照料弟弟，和大人一起干活，成年后为了减轻家庭负担没念大学，年纪轻轻就出门打工，每月往家寄生活费，帮助家里盖起了三层小楼，嫁人后也定期回家看望父母、给父母寄钱，于情于理，自己都有继承权。

弟弟李波则认为：姐姐早已出嫁，她虽也探望父母，但比起和父母一墙之隔的自己，显然姐姐对父母尽的赡养义务不如自己多，不应分得遗产。而且村里的传统是"传男不传女"，从来没听说过谁家的女儿继承家产的。作为弟弟，他可以把母亲留下的祖传金银首饰分给姐姐，但姐姐怎么能主动回家还要公平分割呢！

两人在本村宗族老人的主持下也没有争论出结果，只能闹上法庭。

　　法院经审理后认为，原、被告都是龚某和李某的法定继承人，继承权男女平等，不存在丧失继承权的情形，故原、被告均为同一顺序继承人，依法享有继承权，继承份额一般应当均等。但本案中李波与父母共同生活时间较长，作为对被继承人尽了主要赡养义务的继承人可以适当多分。李红作为女儿已出嫁，与被继承人共同生活时间较少，可以少分。李波辩称乡俗中传男不传女的意见与法律规定相违背，该理由于法无据，法庭不予支持。

【会有办法】

　　"嫁出去的女儿泼出去的水"这一观念在现代社会早已不再盛行。男女平等享有继承权且受法律保障，也同样有对父母赡养的义务。在讲继承办法之前，我们先了解一下关于继承的一些规定。

　　《民法典》规定，遗产是指自然人死亡时遗留的个人合法财产。它包括：公民的收入；房屋、储蓄和生活用品；林木、牲畜和家禽；文物、图书资料；著作权、专利权中的财产权利；以及公民的其他合法财产，包括网络的虚拟财产。但需要注意的是，这里的财产是"个人财产"而非"共同财产"，案例中，若是只有母亲龚某逝世，父亲李某还健在，两姐弟若想分割母亲的遗产，则只能分割父母共同财产的一半，即属于母亲龚某的那部分才是个人财产。

《民法典》还规定了不得继承的遗产，都有哪些呢？被继承人的人身权不能继承。如张老师写了一部畅销书，每年都有可观的版权收入，张老师去世后，独生子小张作为继承人，仍然可以享有版权收入，但张老师作为作者在作品上的署名权、修改权等，小张不能继承。国家所有资源或集体所有资源的使用权不得继承，包含承包的矿山、国家所有的资源等。抚恤金、生活补助费、死亡赔偿金不能被继承。因为这些财产是在被继承人死亡后获得的，不是他生前的财产，所以这部分是对死者近亲属的经济补助和精神抚慰，是给死者近亲属的，因此不属于死者的遗产，不能被继承。被继承人生前承租或借用他人的财产不得继承。指定了受益人的保险金、保险一般不能被继承，被保险人死亡后，保险金应属于受益人，而不是被保险人的遗产。但是也有受益人恰巧是遗产继承人或者是本人的，那么实际上这份财产会归于一人之手。

遗产继承主要有以下四种方式：

1. 遗嘱继承。

即被继承人在生前订立遗嘱，指定继承人继承遗产。如王阿姨育有1女4子，均已成家，王阿姨久卧病榻之际，只有女儿在床前侍奉，儿子们不见踪影。于是王阿姨立下遗嘱，把自己 50 万元存款和一套房子全部留给女儿。这个遗嘱如果在程序上没有瑕疵，就是自书遗嘱。遗嘱形式有自书遗嘱、代书遗嘱、录音遗嘱、录像遗嘱、打印遗嘱、口头遗嘱、公证遗嘱七种。在留有多份遗嘱，内容相互冲突情况下，以时间上的最后一份遗嘱为准。

2. 遗赠。

即被继承人生前订立遗嘱，将遗产赠与国家、集体或法定继承人以外的人。如李大爷留下遗嘱，在自己百年后将名下存款的一半捐给社区"希望工程"，将祖传字画留给经常帮助自己的快递员大俊，那么社区和快递员大俊都是通过遗赠方式享有的继承权。

3. 遗赠扶养协议。

即被继承人与扶养人订立协议，由扶养人负担被继承人生养死葬的义务，被继承人的全部或部分财产在其死后转归扶养人所有。这种方式主要适用于五保户或无人赡养的老人。如刘大妈儿子远在美国，很难回国，刘大妈怕自己有闪失没人管，于是与楼下女孩小花签订了《遗赠扶养协议》，由小花照料刘大妈晚年生活，待百年后房产归小花所有。在无其他程序瑕疵的情况下这个协议是合法有效的。

4. 法定继承。

法定继承是指在没有遗赠、遗嘱或遗赠无效情况下，继承人依据法律规定继承的方式。

　　《民法典》第一千一百二十七条规定，遗产按照下列顺序继承：第一顺序，配偶、子女、父母；第二顺序，兄弟姐妹、祖父母、外祖父母。继承开始后，由第一顺序继承人继承，第二顺序继承人不继承；没有第一顺序继承人继承的，由第二顺序继承人继承。这里所称的子女，包括婚生子女、非婚生子女、养子女和有扶养关系的继子女。这里所称的父母，包括生父母、养父母和有扶养关系的继父母；兄弟姐妹，包括同父母的兄弟姐妹、同父异母或者同母异父的兄弟姐妹、养兄弟姐妹、有扶养关系的继兄弟姐妹。在这里特别要指出的是丧偶的儿媳对公婆、丧偶的女婿对岳父母尽了主要赡养义务的，也是第一顺序继承人。

　　代位继承和转继承，不知道大家对这个词是否有概念？

　　所谓代位继承，《民法典》第一千一百二十八条规定，被继承人的子女先于被继承人死亡的，由被继承人的子女的直系晚辈血亲代位继承。被继承人的兄弟姐妹先于被继承人死亡的，由被继承人的兄弟姐妹的子女代位继承。代位继承人一般只能继承被代位继承人有权继承的遗产份额。举个例子，老赵有个儿子小赵，小赵已经成家并有个女儿。不久前小赵因工伤死亡，白发人送黑发人，痛心之下老赵一病不起，没过多久老赵也去世了。老赵生前没遗嘱，所以只能按法定继承开始继承。此时，小赵应当是第一继承人，但因早于老赵去世，那么小赵的继承份额由其女儿代替。这就是代位继承。假设老赵是一位孤寡老人，终身未婚且无儿无女，老赵在家里排行最小，其父母和其他兄弟姐妹均先于他去世。老赵死后留下一处房产，那么该处房产就可以由老赵兄弟姐妹的子女，也就是老赵的侄子、侄女、外甥、外甥女代位继承。这也是民法典立法上的新的创举，目的是保护私有财产的权利。

法律上还有一个名词叫转继承，是指继承开始后，继承人于遗产分割前死亡，该继承人应当继承的遗产转给其继承人，但遗嘱另有安排的除外。比如老王去世后留下一套房子，给独生子小王，小王有一个女儿。小王没有表示放弃继承权，但是在处理遗产过户的路上突遇车祸去世，那么，小王该继承的房产则由小王的继承人继承，也就是他的配偶、女儿及其他适格的继承人，这就是转继承。

回到我们最开始的话题，嫁出去的女儿是否享有继承权呢？

我国法律规定，继承权男女平等。这里的男女，包括婚生子女和非婚生子女、已嫁娶的子女和未嫁娶的子女。并且，女儿出嫁时，父母送给女儿的陪嫁或嫁妆属于赠与行为，不能冲抵其对父母遗产的继承份额。

举个例子，小美和小军是夫妻，两人育有一女颖颖。

一次意外中小军不幸丧生。留有夫妻共同存款 20 万元，小军另有一亲生弟弟，父母也均健在。那么，这 20 万元属于小军和小美的共同财产，其中 10 万元是小军的遗产，由于小军没有留下遗嘱，所以按照法定继承，第一顺序继承人包括妻子小美、女儿颖颖和小军父母，10 万元由这四人平分。

继承开始后，如果既有法定继承，又有遗嘱继承、遗赠扶养协议，该如何办理？

遗赠扶养协议效力最高，优先于其他遗嘱，遗嘱继承和遗赠优先于法定继承。但是对法定继承人以外的依靠被继承人扶养的缺乏劳动能力又没有生活来源的人，或者继承人以外的对被继承人扶养较多的人，可以适当分得遗产。若是无人继承又无人受遗赠的遗产，归国家所有，用于公益事业。

遗产继承或继受前，需要先由法定继承人清偿该公民生前所欠债务和相关税款，清偿债务后剩余的财产才参加下一步的遗产分配；如果继承人中有缺乏劳动能力又没有生活来源的人，即使遗产不足清偿债务，也应为其保留适当遗产，然后再清偿。如老张生有两个女儿，另有一小儿子上初中，妻子早年去世。老张突然去世，留下遗嘱将两套房产留给两个女儿，一套名贵手表赠送给他侄子，对于

10 万元存款则未做分配。另外老张留下一张欠条，向邻居小周借款 2 万元。那么老张的遗产应该如何分配呢？首先应当清偿小周 2 万元债务，随后为尚未成年的小儿子适当留下必要的遗产，随后两套房子给女儿，名贵手表给侄子，剩下的财产由儿女平均分。

　　法律知识就讲到这里，相信你已经明白了法律规定男女平等，儿子女儿享有同等继承权。法、理之外还有个情字，父母对子女的爱体现在他们省吃俭用，为子女奉献时间、精力和爱上，不论是否有遗产，不论是儿子还是女儿，都应该承担起对父母的赡养义务，给他们一个幸福安详的晚年。

　　最后律师要说，无人能够不老！遗产每个人都有，为了避免纠纷，可以找专业人士提前做继承规划，让法律保护你继承幸福传承爱。

3.2
我不想当一个"扶弟魔"

【引言】

　　近年来，一些影视剧中渐渐出现了受到原生家庭"重男轻女"思想影响的姐姐角色，这些姐姐从小被灌输"女孩子上学没用，男孩是家里的顶梁柱，姐姐挣钱要养弟弟"等思想，让姐姐们穷尽一生输送利益给弟弟。这类影视剧角色不但引起了关注，更激发了观众的共鸣。在重男轻女陈旧观念下生活的女性，只能被迫放弃自己渴望的事业和理想，最终在痛苦中接受现实——这些文艺作品给了新时代女性敢于挣脱束缚的特写，在大胆揭露社会弊病的同时，也告诉大家，女性要自强自立。那么在现实生活中，究竟姐姐有没有扶养弟弟的义务？让我们通过一个案例来了解。

【案例】

独生女周晓华（化名）的父亲是出租车司机，母亲是保洁工，家里经济条件一般。自立自强的晓华，自考上大学去了外地后，就靠奖学金和打工挣钱维持生活，不再向父母伸手。22岁大学毕业后，她就职于一家网络公司，因工作忙很少回家，业余时间都在兼职挣钱。两年后她凭借自己的努力被提拔为高管，收入可观。因此她经常寄钱贴补父母。一天她接到母亲电话，说自己怀孕了。晓华坚决反对，并苦口婆心地对母亲说："您都50岁了，现在怀孕生产算是超高龄产妇，不仅身体状况不乐观，孩子出生后的抚养也是问题。"晓华多次劝说母亲放弃，但母亲一直强调"是个男孩，对你父亲家辈辈单传来讲，这是圆了我们夫妻多年的梦想"，坚持要把孩子生下来。经过十个月的努力，最终母亲还是把弟弟生了下来。没办法，晓华只好请了一个月的长假回家伺候母亲。一个月后晓华回到工作岗位，虽然晓华对弟弟的出生很不情愿，但还是经常给家里寄钱。很快，晓华找到了男朋友，但一直没有告诉他自己有个2岁的弟弟。就在两人准备结婚时，令她没有想到的事情发生了。父亲出了交通事故成了残疾人，母亲一着急也住院了。出院后，母亲因为要照顾父亲再加上自己身体虚弱，已无力带孩子，母亲想让晓华把3岁的弟弟带走。晓华面对这情况措手不及，在电话中就对母亲发火了："告诉你不要生、不要生，你就是不听，现在我要结婚了，你却给我添麻烦，让我带小孩，这算什么呀！"晓华的母亲也很无奈。

双方僵持时，晓华收到了法院的传票。她万万没有想到，母亲把自己给告了，诉讼请求是：要求由成年姐姐扶养弟弟。理由是：自己年岁大了身体不好，父亲需要人照顾，家里吃低保，弟弟无人照顾，晓华已经成年有扶养弟弟的能力。晓华的答辩意见是：父母生育二胎，没有征得我的同意，父母是完全行为能力人，在选择生育时应当考虑到自己的责任和能力，我虽然是女儿，但也是独立的人，我在18岁以后就没有要过家里的钱，现在要结婚，也要生子，带个孩子，是儿子还是弟弟？不但男朋友不同意，社会影响也不好！所以我坚决不同意扶养弟弟。

双方各执一词，互不相让。法官审理后认为：父母是孩子的第一监护人，虽然经济条件不佳，父母身体不好，但尚未达到无力抚养的程度。晓华对父母具有法定赡养义务，但目前不应承担扶养弟弟的义务。对被告晓华的观点，法官认为，父母生育征得子女同意的观点，既没有法律依据也不是免责的理由。父母在生育二胎时，本就无须征得其他人的同意，这是公民享有的最基本的生育权。在法庭审理中，法官做了大量工作，在晓华男朋友的理解和支持下，法院提出了调解意见：让晓华负责出钱，为父母请个保姆带孩子，一则孩子没有离开父母，二则保姆还可以作为帮手，帮助母亲照顾父亲。案件在法官的工作下，最终调解结案。

【会有办法】

看了这个案例，大家或许会有疑问：已经成年的姐姐是否有扶养未成年弟弟的法律义务？姐姐不想为了弟弟放弃自己的人生，是否可以将弟弟送养？如果成年姐姐扶养了弟弟，那么弟弟成年后对姐姐有扶养义务吗？在解决这些问题前，我们还是要弄清楚法律的规定。

姐姐在什么条件下有扶养弟弟的义务？有负担能力的兄、姐，对父母死亡或无力承担抚养义务，且没有祖父母、外祖父母，或祖父母外祖父母没有负担能力时，有扶养弟、妹的义务。《民法典》第二十七条规定，父母是未成年子女的监护人。未成年人的父母已经死亡或者没有监护能力的，由下列有监护能力的人按顺序担任监护人：（一）祖父母、外祖父母；（二）兄、姐；（三）其他愿意担任监护人的个人或者组织，但是须经未成年人住所地的居民委员会、村民委员会或者民政部门同意。也就是说，父母是未成年人的法定监护人，当出现父母双亡或父母均失去监护能力的情况时，第一顺序监护人为祖父母和外祖父母；在没有第一顺序监护人的情况下，才由第二顺序兄、姐承担；如果第二顺序监护人也没有，再由第三顺序居委会、村委会或民政部门同意的其他愿意担任监护责任的个人或组织承担。因此，当未成年人的父母已经死亡或者没有监护能力时，应当首先考虑由有监护能力的爷爷奶奶或姥姥姥爷承担监护义务，其次才是哥哥姐姐。

再补充一些特殊情形。如果祖父母、外祖父母尚在且有监护能力，但成年兄、姐更有能力履行监护义务的，可以通过协商确定监护人。此外，兄、姐必须是有负担能力的完全民事行为能力人，如果兄、姐不具备完全的民事行为能力，自身生活都很难维系，是不负有扶养义务的。而且，弟、妹，必须是未成年人，如果其已经年满十八周岁，即使不能自食其力，兄、姐也没有扶养的义务。上面提到的监护能力的标准并不完全取决于经济能力，通常应理解为抚育和教养两部分，在金钱之外，监护人还需要对被监护人付出教育的心力。

至于收养或送养，《民法典》第一千零九十三条强调，丧失父母的孤儿、查找不到生父母的未成年人、生父母有特殊困难无力抚养的子女可以被收养。第一千零九十四条强调，孤儿的监护人、儿童福利机构、有特殊困难无力抚养子女的生父母可以作送养人。

那么弟弟成年后对姐姐有扶养义务吗？《民法典》第一千零七十五条规定，由兄、姐扶养长大的有负担能力的弟、妹，对于缺乏劳动能力又缺乏生活来源的兄、姐有扶养的义务。这里同样包含着相应的条件：第一，弟、妹必须是由兄、姐扶养长大的；第二，兄、姐必须缺乏劳动能力又缺乏生活来源。在这些条件都满足的情况下，如果弟、妹不承担扶养义务，是可以被追责的。

说到这里，我们已经对法律规定有所明确了。但是如果在真实生活中遇到这些问题，我们都有哪些解决办法呢？

随着国家生育政策放开，越来越多以独生子女为主的"三口之家"开始添丁，这就有可能导致这些家庭具有孩子年龄差距大、父母高龄等特点，甚至在一些大学迎新现场，报到的新生中，除了有父母陪同的，还有牵着幼小的弟弟妹妹的。新生命的到来，带来的并不都是欢喜。有的家庭条件好，姐弟和谐。也有些父母被老大坚决反对弟弟妹妹出生的态度搞得焦头烂额。最近，父母车祸离世，姐姐刚读大学，弟弟却只有几个月大的情况引起了网友的争论。面对年龄相差近20岁的弟弟，姐姐该不该承担起"长姐如母"的责任？许多网友认为：父母不顾家庭经济情况生二胎，生了又不养，给刚开始自己人生的女儿增添难以承受的负担，对于普通人来说，这无疑是贯穿一生的，女儿的一生都可能被弟弟拖累。所以面对这个社会问题和现象，我们建议如下。

1. 正确认识男女平等问题。

我们需要用智慧和现实案例说服家长，让他们消除"儿子重要，要传宗接代，女儿是泼出去的水，早晚要嫁给别人"之类的认识，要重视男女平等。

2. 开阔眼界，增加见识，提高父母的认识。

读万卷书不如行万里路，有时间要多陪父母，带着爸爸妈妈到处看一看，让老人明白都市生活中女孩越来越独立自强，认识到现代社会女性的地位正在不断提高。让他们明白养女孩子的好处。

3. 要消除老人家觉得女孩子没用，害怕无人养老的思想。

其实这就是传统养儿防老的观念，要让老人明白，女孩子一样可以成就大事业，给老人多看一些女性传记的书籍，他们就会逐渐改变对女性的认识。

讨论到这里，我们看到生活中不免还有重男轻女的思想在作怪。让女性做出牺牲去扶持男性的发展，这种错误理论应当受到批判。我们希望全社会行动起来，尊重女性

权益，也希望更多女性在做出选择的时候理智而坚强，不
要被道德绑架牺牲自己的幸福。

3.3

亲生父母遗弃了我，我还需要赡养他们吗？

【引言】

一档名为《我找明星女儿要 5000 万》的节目迅速吸引了大众的目光。当红影星毛某的父亲称女儿身家几个亿，但成名后就不认他了，现在完全不赡养他，所以上节目寻求帮助，要找女儿索要 5000 万元赡养费。经了解，毛某的父亲在毛某出生时，嫌弃她是女孩，就把她丢进了垃圾桶，是母亲把她捡回来独自带大的。俗话说，生而不养，鸟兽不如，这位父亲将孩子带到这个世界，给她的不是爱与关怀，而是遗弃与冷漠。毛某成名后，父亲没有忏悔，没有反思，却以一副贪婪的嘴脸索要 5000 万元，用道德绑架的方式榨取女儿，以威逼的手段吓唬女儿，实属奇闻。即便如此，毛某如今还是会每月给父亲 5000 元赡养费。那么，从法律的角度来说，她应该给吗？投射到现实中，若从小被亲生父母遗弃，成年后还有赡养父母的义务吗？

【案例】

晶晶两个月大时，父母离婚，父亲胡某与第三者再婚。晶晶从记事起就没见过父亲，父亲也没有支付过抚养费。母亲蒋某一人将晶晶抚养成人。晶晶没让母亲失望，成绩总是排在年级第一，18 岁那年她顺利考上了全国重点高校，靠奖学金与勤工俭学解决生活费问题。大四时晶晶还被保送硕博连读，毕业后直接进入一家外企工作，薪水不菲。正当女儿有能力可以回报母亲，母女俩高兴之际，晶晶接到父亲胡某的电话，称自己住院了，需要女儿来支付住院费。原来年逾花甲的父亲与二婚妻子离婚了，住院期间父亲想起了被遗忘的女儿，虽然不好意思，但还是迫于无奈给女儿打了电话。晶晶接到父亲的电话后，以"我不认识你"为由拒绝了。但是不久，晶晶就收到法院的传票和诉状，是父亲胡某起诉了晶晶，要求女儿尽赡养义务，每月支付赡养费 600 元。晶晶认为，父亲从不尽抚养义务，仅凭血缘关系就要求她尽赡养义务，自己于情于理都不应该付这笔钱。

但是人民法院审理后认为：父母对子女有抚养教育的义

务，成年子女对父母也有赡养扶助的义务。胡某已经60岁，退休金很低，现在生病住院需要人照顾。晶晶作为胡某之女，应承担赡养扶助义务。父亲虽未履行对女儿的抚养义务，其行为违反法律规定应予以批评教育，但不能成为晶晶不履行赡养扶助义务的理由。综合晶晶的经济状况和家庭情况，法院最终判决其每月支付胡某赡养费600元。

面对法院的判决，晶晶表示，父亲当初不顾公序良俗和伦理道德，抛下年幼的自己和多病的母亲，现如今就算法院通过判决强制自己履行赡养义务、提供经济上的支持，也无法消除双方情感上的隔阂。如果你是晶晶，面对这样的情况，有什么办法吗？法律又是怎么规定的？法条能抚慰女儿这颗受伤的心灵吗？

【会有办法】

我们常说，幸福的童年能治愈一生，不幸的童年需要用一生来治愈。案例中晶晶的遭遇令人同情，被父亲遗忘的创伤是难以平复的。对法院的判决我们该怎么理解？关于赡养，法律又是如何规定的？

赡养，是指子女在物质上和精神上为父母提供必要的生活条件，子女作为赡养人，应当履行对老年人经济上供

养、生活上照料和精神上慰藉的义务，照顾老年人的特殊
需要。《中华人民共和国宪法》第四十九条规定，成年子
女有赡养扶助父母的义务。《中华人民共和国老年人权益
保障法》（以下简称《老年人权益保障法》）第十三条规定，
老年人养老以居家为基础，家庭成员应当尊重、关心和照
料老年人。《民法典》第一千零六十七条规定，父母不履
行抚养义务的，未成年子女或者不能独立生活的成年子女，
有要求父母给付抚养费的权利。成年子女不履行赡养义务
的，缺乏劳动能力或者生活困难的父母，有要求成年子女
给付赡养费的权利。由此我们得知，成年子女都有义务赡
养父母。

关于法定赡养人，《老年人权益保障法》第十四条规定，
赡养人是指老年人的子女以及其他依法负有赡养义务的人。
子女，是指婚生子女、非婚生子女、养子女和依法负有赡
养义务的继子女。其他依法负有赡养义务的人，是指老年
人的孙子女、外孙子女。《民法典》第一千零七十二条第
二款规定，继父或者继母和受其抚养教育的继子女间的权
利义务关系，适用本法关于父母子女关系的规定。

因此，子女赡养父母在法律上是有明确规定的，如果
子女不赡养父母，严重情况下还会构成遗弃罪。

成年子女对父母有赡养扶助的义务，主要体现在三个方
面。第一，当父母年老，生活困难，无劳动能力，需要赡养

扶助时，子女不能以任何借口推托拒不履行。第二，赡养扶助父母作为法律规定的义务，具有法律的强制性。当义务人不履行义务时，将受到法律制裁；对虐待、遗弃父母情节严重的，依照《刑法》有关规定应给予刑事处分。第三，子女尽赡养义务不以父母是否尽抚养义务为前提。若父母未尽到抚养子女的义务，也并不免除或减轻子女的赡养义务。

因此，除法律规定的特殊情形之外，子女都应对父母履行赡养义务。有经济能力的子女，对丧失劳动能力、无法维持生活的父母，都应予以赡养。对不在一起生活的父母，应根据父母的实际生活需要和子女的负担能力，给付一定的赡养费用。

与本案例相关的，我国法律并未将履行抚养义务作为享受赡养义务的前提。法律规定，赡养人不得以放弃继承权或者其他理由拒绝履行赡养义务。在赡养老年人这个问题上也是不能附加条件的。为了更好地理解这个问题，我还想做一些补充。

1. 父母无力抚养年幼子女的，子女独立后应当履行赡养义务。

虽然《民法典》为父母子女间规定了互相扶养的对等义务，但并不是说这两个权利间必须等价交换，子女不能将父母是否对其履行了抚养教育义务作为自己履行赡养父母义务的前提。因此，子女对老年父母的赡养义务不得以此为由而解除。

2. 父母因错误行为给子女造成心灵、身体伤害的，特殊情形下，子女可以不尽赡养父母的义务。

父母在抚养子女过程中的一些错误行为可能给子女造成心灵伤害，子女成年之后，应当慢慢消化，以包容的态度自觉履行赡养父母的义务。但是，如果父母犯有严重伤害子女感情和身心健康罪行的，原则上丧失了要求被害子女赡养的权利，这些情形包括：父母犯有杀害子女罪行的，父亲奸污女儿的，父母犯有虐待、遗弃子女罪行的，等等。这些情形下，父母是无权要求子女尽赡养义务的。

3. 没有经济收入的已婚女儿也有赡养义务。

家庭妇女以本人没有收入作为拒绝履行赡养父母义务的理由是不成立的。因为她们从事的家务劳动与丈夫谋取生活资料的劳动具有同等价值，其丈夫劳动所得的收入属夫妻共同财产，夫妻双方对夫妻共同财产有平等的处分权，因此应当从夫妻共同财产中支付赡养费，承担赡养义务。

4. 子女不能通过声明放弃财产继承的形式，而不承担赡养义务。

即便父母取消子女对财产的继承权，子女仍需负担赡养义务。

5. 赡养父母不能以"分家析产"为条件。

子女赡养父母是法定义务，父母有无财产、是否分过家以及分家是否公平不能成为不尽赡养义务的理由。

6. 父母再婚的，子女不能拒绝履行赡养义务。

《民法典》第一千零六十九条规定，子女应当尊重父母的婚姻权利，不得干涉父母离婚、再婚以及婚后的生活。子女对父母的赡养义务，不因父母婚姻关系变化而终止。

7. 儿女去世后，儿媳女婿有无赡养公婆岳父母的义务，法律并未做出明确规定。

儿媳女婿与公婆岳父母的关系是因婚姻而成立的姻亲关系。儿子女儿去世后，因儿子女儿与儿媳女婿的婚姻关系消灭，使得儿媳女婿与公婆岳父母的姻亲关系亦不复存在。儿媳女婿是否需要承担赡养公婆岳父母的义务，我国法律并未做出明确规定。因此，不能强令儿媳女婿承担此项义务。但是法律规定，尽了主要赡养义务的儿媳和女婿，也是遗产第一顺序继承人。

8. 被抚养的继子女对继父母也有赡养义务。

《民法典》第一千零七十二条规定，继父或者继母和受其抚养教育的继子女之间的权利义务关系，适用本法关于父母子女关系的规定。因此，一旦继父母子女之间形成事实抚养关系，其权利义务等同于婚生子女，他们的权利义务关系适用相关法律规定。所以，受继父母抚养教育长大的孩子，应当对继父母有法律上的赡养义务。

9. 法律支持养子女赡养亲生父母。

法律并不禁止被收养的孩子自愿对亲生父母尽孝，甚至给予了一定的支持。《最高人民法院关于适用〈中华人民共和国民法典〉继承编的解释（一）》第十条规定，被收养人对养父母尽了赡养义务，同时又对生父母扶养较多的，除可以依照《民法典》第一千一百二十七条规定的继承养父母的遗产外，还可以依照《民法典》第一千一百三十一条的规定分得生父母适当的遗产。

养子女和生父母间的权利和义务，因收养关系的成立而消除。也就是说，只有当子女被他人合法收养，其与生父母之间的权利义务才得以消除。这里也提醒大家，很多地区仍然遗存"过继"的风俗，但在法律上属于不合规行为，如果没有到民政部门办理收养手续，会给自己和孩子的生活埋下隐患。

10. 子女怎样分担赡养扶助义务。

父母有多个子女的，子女应当共同承担赡养扶助父母的义务。每个子女承担义务的多少，应当根据各个子女的生活、经济条件进行协商。至于赡养扶助父母的方式，可视具体情况而定。对于不在父母身边的子女，可定期支付一定数额的赡养费；与父母共同生活的子女还应当经常关心、照料父母的生活。当父母由于生病生活不能自理时，子女除应分担为其治病所需的医药费、手术费、住院费等之外，还应承担照顾、护理父母的义务。

　　关于这个问题就回答到这里，相信你已经明白了晶晶为什么要尽赡养义务了。最后律师还要说，孝敬父母一直是中华民族的传统美德，子女要感激父母给予了我们生命，正如那句俗语——"生养之恩大过天"，我们不希望生与养再分开，更不愿意看到父母子女永不来往。希望天下儿女都孝敬父母，也希望天下父母都值得子女孝敬。成年子女应该尽力让年老的父母尽享天伦之乐。赡养既是法律义务，也是道德约束。让我们常怀对父母的感恩和宽容之心，让世界充满爱，让家庭更温暖。

第四章

"

在职场中要时刻保持清醒

4.1

进入新公司之前需要了解哪些？签订劳动合同需要注意什么？

【引言】

2019 年 11 月 11 日，对于多数人来说可能是双十一购物节，然而就在这天，一条"华为 12 年的老职工郑会兰被辞退"的新闻上了热搜。在人们好奇之余，又一则"如何看待网传华为员工李某元离职后被公司起诉敲诈勒索，羁押 251 天后因证据不足释放"的新闻又登上了热搜。一时间华为裁员的传闻成为热议话题，也再次引起网友的激烈讨论。为什么 10 年以上的老职工，还会被随意辞退？难道不违法吗？作为新入职的员工，在进入公司前需要了解哪些？签订劳动合同需要注意什么呢？为了让大家对这些问题有所了解，我们先来看两个案例。

【案例1】

应届毕业生小李得知某银行在招聘就报了名，并顺利通过了面试。8月20日，小李按要求进行入职体检。体检表载明"既往病史"一栏为"无残"，"腹腔脏器"一栏为"正常"，"审查意见"一栏为"健康"。8月23日，用人单位组织初定人员培训。同月28日，单位分配小李到分行报到。9月1日，单位与小李签订了劳动合同，合同约定期限为五年，工种为业务，试用期为六个月。

同年12月中旬，人事部突然通知小李不符合录用条件。12月底，单位以"右肾摘除，存在严重身体缺陷，不符合单位要求"为由，在试用期内与小李解除了劳动合同。小李对合同解除提出异议，向劳动仲裁委提出仲裁申请。

仲裁委受理后作出仲裁裁决，驳回申请，维持银行对小李解除劳动合同的决定。小李不服，向人民法院提起诉讼。法院在审理中，委托相关鉴定机构对小李身体是否存在缺陷进行鉴定。法医鉴定结论为：被鉴定人小李在生理上存在缺少右肾的缺陷，但具有正常的生活能力、工作能力及社会活动能力，其身体状况未达到严重缺陷的程度。

法院审理后做出判决：小李确实因外伤被摘除了右肾，在生理上确实存在缺少右肾的事实。用人单位在不知原告缺少右肾的情况下与其签订了劳动合同，现以此为由做出解除劳动合同的决定，经鉴定，小李的身体状况未达到严重缺陷的程度，且在试用期内身体健康，能够胜任用人单位支配的业务工种。以上事实证明，小李的身体状况符合"无严重疾病和缺陷"的录用条件，用人单位认为小李存在严重身体缺陷的理由不能成立，要求用人单位与小李继续履行原劳动合同。

【案例 2】

2014 年 2 月 22 日，焦某入职某金属公司，工种为冲压操作，双方未签订书面劳动合同，但口头约定试用期月工资2000 元，试用期满后月工资为 3000 元。2014 年 4 月 26 日凌晨 2 点，夜班中的焦某在工作中不慎受伤，住院 16 天，公司全额支付了医疗费。焦某分四次领取 12412 元生活费。出院后焦某申请工伤，同年 7 月，经县人力资源和社会保障局认定：焦某为工伤，劳动功能障碍为九级，无生活自理障碍。

焦某自工作至受伤期间领取两个月工资共 5000 元，即第一个月 2000 元，第二个月 3000 元。后焦某就其与公司间的劳动争议申请劳动仲裁，要求金属公司支付二次手术费、各项工伤保险待遇、未签订劳动合同的双倍工资，合计150947 元，并解除双方劳动关系。

劳动争议仲裁委裁决，某金属公司应支付焦某各项工伤保险待遇、双倍工资、合计人民币112776元，扣除已支付的生活费12412元，还应支付100364元。双方当事人解除劳动关系、终止工伤保险待遇。

该金属公司不服，依法提起诉讼。人民法院审理后认为：事实认定清楚，赔偿项目有误。改判为：金属公司给付焦某护理费1905元、一次性伤残补助金27000元、一次性工伤医疗补助金26790元、一次性伤残就业金44650元、停工留薪期待遇15000元、住院期间食品补助费320元、双倍工资3000元，共计118665元，扣除已支付的12412元，实际应给付106253元；解除双方劳动关系、终止工伤保险关系。宣判后，双方均不服，提出上诉。中级人民法院二审审理后，驳回上诉，维持原判。

【会有办法】

在上述两个案例中，两个劳动者入职时间短，一个被解除劳动合同，一个被终止劳动关系。虽然通过仲裁和诉讼，劳动者维护了自己的权益，但刚步入社会就受到伤害，这无疑给劳动者造成了心理创伤。那么，作为劳动者如何保护自己的权益，在入职新单位前究竟要了解哪些信息才能避免不必要的纠纷和损失呢？

在解答这些问题前，我们先要清楚法律都赋予了劳动者哪些权利，劳动者又要履行哪些义务。

根据《中华人民共和国劳动法》（以下简称《劳动法》），劳动者享有：平等就业和选择职业的权利、取得劳动报酬的权利、休息休假的权利、获得劳动安全卫生保护的权利、接受职业技能培训的权利、享受社会保险和福利的权利、提请劳动争议处理的权利。此外劳动者还享有依法组织和参加工会的权利，依法解除劳动合同的权利，在劳动过程中对违章指挥、违章作业提出批评、检举和控告的权利，劳动中遇有紧急情况时采取避险的权利，对违反劳动纪律、法规的行为进行监督的权利。除享有这些权利外，劳动者还应当按规定完成劳动任务，遵守劳动纪律和职业道德，执行劳动安全和劳动卫生规程，提高职业技能。

根据以上劳动者的权利和义务，我们建议员工在入职前要了解以下要点。

1. 用人单位的背景。

劳动者要通过招聘信息和国家信用网站、企查查、天眼查、工商局等网站查询用人单位的性质、资质、规模、主营业务与业务发展状况，判断用人单位的真实性及是否具备用工资格。通过法律文书网来查询用人单位的口碑和信誉。在面试时可以通过对单位环境的观察和人员接触了解企业文化。

2. 通过招聘信息了解用人单位是否履行了如实告知义务。

《中华人民共和国劳动合同法》（以下简称《劳动合同法》）规定，用人单位招用劳动者时，应当如实告知劳动者工作内容、工作条件、工作地点、职业危害、安全生产状况、劳动报酬，以及劳动者要求了解的其他情况。如果用人单位没有完整或明确告知员工，员工可主动向用人单位询问。这些内容都将关系到员工在未来工作中的切身利益。员工对上述内容的了解，应以用人单位的明确告知为准，切不可自行揣摩或猜测。

3. 工作岗位及工作内容。

了解这一项的目的是防止单位有随意调岗、加大工作强度或降职降薪等损害劳动者合法权益的行为。根据法律规定，如果劳动者被证明不能胜任工作的，用人单位可以培训或调整该劳动者的工作岗位，培训或调岗后，仍然不能胜任工作的，用人单位可以在提前一个月通知或多支付一个月工资的情况下与劳动者解除劳动合同。工作岗位及工作内容，关系到员工考核的标准和依据，因此有必要签署书面的岗位说明和责任考核标准，如果入职后出现用工纠纷，如岗位调整、薪酬福利待遇调整等，岗位内容说明书不但是重要的证明，还是检验工作完成度的依据。

4. 合同期限和试用期。

《劳动合同法》规定，劳动合同期限三个月以上不满一年的，试用期不得超过一个月；劳动合同期限一年以上不满三年的，试用期不得超过二个月；三年以上固定期限和无固定期限的劳动合同，试用期不得超过六个月。同一用人单位与同一劳动者只能约定一次试用期。以完成一定工作任务为期限的劳动合同或劳动合同期限不满三个月的，不得约定试用期。试用期包含在劳动合同期限内。劳动合同仅约定试用期的，试用期不成立。所以明确试用期及试用期的通过标准，对于劳动者十分重要。如果用人单位告诉你试用期为法定约定的最长时间，那么你必须要小心，此时必须询问试用期通过的评估标准，是定性评估还是定量评估，以及转正流程，避免用人单位以"不适应"为借口故意不通过。另外，法律规定试用期工资不得低于本单位相同岗位最低档工资或劳动合同约定工资的百分之八十，并不得低于用人单位所在地的最低工资标准。试用期用人单位和劳动者必须依法参加社会保险，缴纳社会保险费，而且要明确五险一金的缴纳比例。

5. 薪酬福利待遇。

这个问题是每位求职者最关心的问题。薪酬福利待遇不能模糊，如果是固定薪酬要确定具体数额，如果涉及年终奖、绩效奖，需要确定发放规则和发放时间，避免入职后因前期薪酬福利待遇约定模糊而影响个人收益。

6. 劳动合同的内容及签署时间。

入职第一天就要签署劳动合同。用人单位自用工之日起超过一个月不满一年未与劳动者订立书面劳动合同的，应当依照《劳动合同法》规定向劳动者每月支付两倍工资（两倍工资的起算时间为用工之日起满一个月的次日，截止时间为补订书面劳动合同的前一日），并与劳动者补签书面劳动合同。劳动合同条款一定要仔细核对，工作岗位、工作地点、薪酬待遇、考核标准、考勤制度、试用期约定及转正条件、社会保险约定等都必须明确，不要签署空白合同。如果条款中约定了不合法的内容，如"女职工不得结婚生育""工伤自理""签订生死契约"等，要果断提出修改或拒签。劳动合同签署后，劳动者本人可以索要一份原件自行保存。

7. 带薪年假规定。

《职工带薪年休假条例》规定：职工累计工作已满 1 年不满 10 年的，年休假 5 天；已满 10 年不满 20 年的，年休假 10 天；已满 20 年的，年休假 15 天。职工连续工作满 12 个月以上的，享受带薪年休假，年休假的天数根据职工累计工作时间确定。

假如你已被录用，入职后还要注意以下几点。

1. 入职登记要详细。

劳动者要如实告知用人单位劳动者的姓名、年龄、有效身份证件号码、家庭住址、健康状况、学历、工作经验、工作现状等。单位依据诚信原则，需核实劳动者个人资料的真实性，以尽到审慎义务。

2. 劳动合同解除或终止。

在进入新用人单位工作前，切记要和前用人单位解除劳动合同，并开具解除或终止劳动合同的证明，记住要保留原件。尚未与前用人单位解除或者终止劳动合同的劳动者，给其他用人单位造成损失的，需承担连带赔偿责任。如尚未解除劳动合同的，需要求原用人单位出具同意自己入职新用人单位的书面证明。

3. 规章制度要依法告知。

根据法律规定，用人单位的员工守则、劳动纪律规章制度和处罚办法及直接涉及劳动者切身利益的重大事项，应经职工代表大会或全体职工讨论，与工会或者职工代表平等协商确定。并进行公示或告知劳动者。用人单位只有在这些规章制度内容和程序上均做到合法，才能作为仲裁机构或人民法院裁判的依据。如果用人单位的规章制度没有按照相关法律规定的民主程序制定并经过公示，是不能约束员工的，更不能以此来与员工解除劳动合同。

如果你是一名大学生，在选择就业时要注意"三方协议"的问题。

"三方协议"是《全国普通高等学校毕业生就业协议书》的简称，它是明确毕业生、用人单位、学校三方在毕业生就业工作中的权利和义务的书面表现形式，能解决应届毕业生户籍、档案、保险、公积金等一系列相关问题。协议在毕业生到单位报到、用人单位正式接收后自行终止。三方协议一旦签署，就意味着大学生第一份工作已基本确定，因此，应届毕业生要特别注意签约事项。要认真查看用人单位的隶属，国家机关、事业单位、国有企业一般都有人事接收权。民营企业、外资企业则需要经过人事局或人才交流中心的审批才能招收职工，协议书要签署他们的意见才能有效。

关于员工入职前和初入职应该注意的事项，我们就介绍这些，希望对你有所帮助。

4.2 招聘中被问到生育计划，该怎么回答？

【引言】

近日，一项"落实三孩政策，将妇女产假延长至 3 年"的提议在热搜上引起了广泛讨论。2021 年新生育政策出台标志着中国正式迈入"三孩时代"，如此一来，产假自然成了一个有争议的话题。职场女性所面临的潜在"生育代价"一直以来都引人注意。即使在性别平等政策实施得好的国家，生育对女性职业发展也存在负面影响。在家庭约束、雇主歧视、人力成本高等因素依然与生育代价相捆绑的前提下，仅靠延长产假，是无法从根本上缓解女性生育与职业的矛盾的。要减少生育给女性带来的负面影响，核心在于平衡女性的家庭与职场。遗憾的是，当前就业环境并不完善，不少女性在求职、就业时常被问到"有没有男朋友？

有没有结婚？有没有计划要孩子？何时准备要二胎？"等
刁钻的问题。招聘中面对这些，我们该怎么回答？面对这
些质疑，女性又该怎么办？

【案例1】

　　张敏是某大学的一名应届毕业生。一天，她在招聘网站
看到某汽车贸易公司的招聘信息，岗位是财务经理，任职要
求第一条即为"年龄30-35岁，形象好，气质佳，优秀男士
优先"。张敏觉得该职位并不是国家规定的不适合妇女的岗
位，而"男士优先"就意味着同等条件下录用男性不录用女
性，提高了女性的录用标准，这属于就业中的性别歧视。

　　于是，她向人力资源和社会保障局寄出了举报信，要求
责令该公司改正歧视行为。很快，张敏就收到了人社局的回
复，称"用人单位招聘信息中'优秀男士优先'的任职要求
属实，但用人单位招聘存在性别歧视一事，缺乏事实和法律
依据。'优秀男士优先'并非等于提高女性的录用标准，构
成性别歧视，优秀男士优先并非否认优秀女士不能优先。从
法律上看，性别歧视应该是认为一种性别优于另一种性别或
限制另一种性别。不能因为出现优秀男士优先就定论为性别
歧视，这一认识过于偏颇，如果标注优秀女士优先，大多数

男性不会认为是性别歧视"。

张敏认为，性别不限才是固定设置，而用人单位自行填写"优秀男士优先"的任职要求，恰好反映了该公司有性别歧视倾向。张敏不满人社局的答复，但因为没有应聘，无法起诉公司，于是将人社局告上法庭。人民法院审理后，驳回了起诉，在裁定中写道：根据《行政诉讼法》，原告不具有提起本案行政诉讼的主体资格，驳回原告起诉。也就是说张敏不具有起诉资格。如果举报人是被举报单位的职工，认为被举报单位的行为侵犯了劳动者的权益，举报人可以通过劳动者保护的相关法律规范寻求帮助。

【案例2】

张女士是一家学校的生活老师，入职时她与学校签订的劳动合同中约定："劳动者在履行劳动合同期间发生计划外生育的，用人单位可解除劳动合同。"后张女士生育第三胎，被认定为"超生"，学校以张女士违反生育政策为由，解除了劳动合同。张女士认为该学校解除行为违法，于是申请劳动仲裁。

仲裁机构根据《广东省高级人民法院、广东省劳动人事争议仲裁委员会关于劳动人事争议仲裁与诉讼衔接若干意见》第十三条，"用人单位以劳动者违反计划生育政策为由解除劳动合同的，应承担违法解除劳动合同的法律责任"，认定学校的解除行为属于违法解除，要求恢复劳动合同效力。

【会有办法】

以上两个案例，一个是同等条件下女性就业被限制，另一个是到岗后女性的生育问题成了单位限制和解除合同的条件，现实生活中甚至有的单位在入职时就要求女职工做孕检，如果怀孕就不予录用……以劳动者违反计划生育政策为由解除劳动合同的，属于违法解除；以体检名义要求女性进行孕检，不接受怀孕的女性入职，不仅侵犯了妇女合法的生育权利，也违反了劳动法律法规的相关规定。

尽管法律有明确的规定，如《人力资源社会保障部、教育部等九部门关于进一步规范招聘行为促进妇女就业的通知》规定："依法禁止招聘环节中的就业性别歧视。各类用人单位、人力资源服务机构在拟定招聘计划、发布招聘信息、招用人员过程中，不得限定性别（国家规定的女职工禁忌劳动范围等情况除外）或性别优先，不得以性别为由限制妇女求职就业、拒绝录用妇女，不得询问妇女婚育情况，不得将妊娠测试作为入职体检项目，不得将限制生育作为录用条件，不得差别化地提高对妇女的录用标准。国有企事业单位、公共就业人才服务机构及各部门所属人力资源服务机构要带头遵法守法，坚决禁止就业性别歧视行为。"但是违反规定的行为屡禁不止，各个企业为维护效益变本加厉、无孔不入。对此我们该怎么办？有什么应变的办法呢？

假如你在面试时被面试官问道："有没有打算要孩子？何时要孩子？是不是准备要二胎、三胎？" 律师给你个巧妙的方法：不要据理力争，可以绕山绕水。

不建议应聘者和面试官据理力争，是因为面试官可能也是女性，她个人可能也不赞同问及生育问题，但是出于工作需要，她必须这么做。作为求职者，你只需要做到心中有数、口中不慌就行了。在回答时可以这样讲："我觉得生孩子也是国策，作为公民我有责任响应号召。但是生育问题无论在家庭还是国家都需要计划，在这方面，我的计划是先立业后育儿，目前还没有一个非常明确的育儿计划。另外这种事情也要看缘分，还得看两个人的意见是否统一，但是请领导放心，即使要孩子，我也会在工作稳定之后再做考虑。"

如果用人单位明目张胆地性别歧视，该怎么办呢？

如果你的条件特别好，仅由于性别问题没有被录用，在证据确凿的情况下，你可以通过12333、12338、12351等热线，对用人单位性别歧视的行为进行举报投诉，届时相关部门会对涉嫌就业性别歧视的用人单位开展联合约谈，进行调查和调解，督促限期纠正就业性别歧视行为。被约谈单位拒不接受约谈或约谈后拒不改正的，将依法查处并通过媒体向社会曝光。

如果你被录用了，但由于性别歧视问题被解除劳动合同的话，你可以根据《最高人民法院关于增加民事案件案由的通知》[法〔2018〕344号]的规定，以平等就业权纠纷为案由向法院提起诉讼，以维护自己的劳动权益。

如果问题严重，你还可以向检察院反映，让检察机关发出检察建议并提起公益诉讼。2020年1月最高人民检察院与全国妇联联合下发《关于建立共同推动保护妇女儿童权益工作合作机制的通知》规定，针对国家机关、事业单位招聘工作中涉嫌就业性别歧视的，检察机关可以发出检察建议，或者提起公益诉讼。

另外，你还可以向全国妇联反映。2021年9月全国妇联发布的《中国妇女发展纲要（2021—2030）》中明确规定，要促进开展妇女权益保障领域的公益诉讼。对《中华人民共和国妇女权益保障法（修订草案）》第七十八条还增加了建立妇女权益保障检察公益诉讼制度的规定。

而最重要的一点，就是收集证据。证据就是生命，在任何维权中都不要忽视证据，要注意收集和保留证据。性别歧视证据有：招聘广告、招聘信息、入职条件和入职申请表等。可查询用人单位的工商信息（在"国家企业信用信息公示系统"中查询）并填写举报信，确定受理举报的单位，邮寄挂号信（可检索"××区人力资源和社会保障局"）。将歧视招聘广告、企业工商信息、完善后的举报信装入信封，前往邮局邮寄挂号信，并领取挂号信凭据。

关于如何面对就业性别歧视问题就介绍到这里。男女平等、计划生育作为国策，早已写进了宪法，但是生育问题及生育引发的性别歧视问题、促进生育政策和相关经济社会政策配套衔接、加强人口发展的战略研究，都成了社会的轴心和焦点，婚嫁、生育、养育、教育一体考虑成了施策的重点。这些其实既考验了顶层设计，又考量了基层落实。三孩政策如何顺利贯彻也是公众和政府要迫切考虑的问题。

产假、育儿假像是一个切口，直白地道出了为人父人母的时间痛点。而时间痛点的背后，是个体精力与体力的再分配，是企业成本与用人的再平衡，是社会福利与压力的再试探。只有一整套政策辅助，才能真正落地养育子女的现实难题。

我们不希望把"招聘启事"变成"招聘歧视"而引来众嘲，也不希望把职场女性选择生育抑或生存的两难局面转为话题焦点。在当代快节奏生活中，即便育儿假能够成为务工人员的利好，但育儿假的另一面却可能成为企业需要额外付出的成本和负担，谁来买单？谁来统筹？这些都是问题。我们希望每个企业和每个人都提高认识，自觉地为消除就业歧视做出一点贡献，也希望我们的女性在事业和家庭中做好平衡。

4.3 公司不缴社保，还让我签署不追究公司责任的承诺书，怎么办？

【引言】

　　社保与职场务工人员关系密切，也和有用人需求的老板息息相关。我国法律规定，用人单位和劳动者必须依法参加社会保险。因此社保既是福利，也是权益。我国社会保险分为城乡居民社保和城镇职工社保。其中城镇职工社保即为我们熟知的"五险"，即养老保险、医疗保险、工伤保险、生育保险和失业保险。

　　"五险"对于用人单位来说是不小的成本，因此很多用人单位老板就想出了个办法：跟员工商量不缴社保，每月将应缴社保的钱折现一部分作为工资，这样员工拿到手的工资变多，老板付出的用工成本变少，两全其美。初入职场的年轻人也愿意接受这个条件，并且配合单位签署了所谓的《自愿放弃缴纳社保承诺书》，殊不知，这个承诺对于老板和员工来说都有风险，尤其是老板，最终可能得不偿失。

为什么呢？因为社保的缴纳是法定义务。既然是法定义务，就不能通过双方的约定免除。也就是说，无论《自愿放弃缴纳社保承诺书》签得多么周密，都是无效的。而且对用人单位来说这还涉嫌违法。我们还是通过一个真实的案例来理解。

【案例】

吴女士入职后，公司要求她签了一份《自愿放弃缴纳社保承诺书》，内容是："经本人慎重考虑，劳动合同期限内自愿放弃公司为本人办理的社会保险，并承诺就社会保险有关事项不向公司主张任何权利，包括程序性权利和实体权利。"签约后公司就不再给吴女士缴纳社保了，并将社保费补到工资中，每月500元。一天，吴女士在工作中受伤，劳动能力鉴定委员会鉴定为工伤7级。吴女士需支付医药费25.4万元，后因为无人支付治疗费，吴女士到劳动争议仲裁委仲裁，后因对仲裁裁决不服，又向法院提起了诉讼。

人民法院审理后认为：吴女士与公司建立了劳动关系，其在工作中受伤被认定为工伤，应当享受工伤保险待遇，现公司未按照规定为其缴纳工伤保险，工伤保险赔偿责任应由公司承担。吴女士虽然签订了《自愿放弃缴纳社保承诺书》，但社会保险费征缴系国家法律强制规定，该义务不因当事人约定而免除。关于工伤的医疗费，公司因未为吴女士缴纳工伤保险费，故治疗工伤所产生的费用应由用人单位承担。

最终法院判决：用人单位支付吴女士的全部医疗费25.4万元，还要支付一次性伤残补助金4.4万元、一次性伤残就业补助金3.5万元、一次性工伤医疗补助金8万元、停工留薪期间工资2.8万元、住院伙食补助费1740元、护理费5200元，解除劳动关系的经济补偿金等费用，共计人民币45.7万元。

看到这里，相信如果你是老板，一定会倒吸一口凉气。虽然节省了几千元的社保钱，但出了事故却要承担几十万，而这本来应该由医疗保险和工伤保险来承担。

【会有办法】

从以上案例中我们不难看出，《自愿放弃缴纳社保承诺书》是违法的，它会给用人单位带来以下风险。

1. 诉讼风险。

《最高人民法院关于审理劳动争议案件适用法律若干问题的解释（三）》第一条规定，劳动者以用人单位未为其办理社会保险手续，且社会保险经办机构不能补办导致其无法享受社会保险待遇为由，要求用人单位赔偿损失而发生争议的，人民法院应予受理。也就是说，承诺书不会保护用人单位，劳动者可以随时反悔，而劳动者反悔将用人单位诉至法院，用人单位将会面临败诉的法律风险。

2. 承担工伤、医疗、养老金的风险。

根据法律规定，即使劳动者确为自愿放弃社会保险，用人单位也不能豁免工伤、医疗费等赔偿责任。上面的案例就是很好的证明。《工伤保险条例》规定，用人单位未参加工伤保险期间，职工发生工伤的，由该用人单位按照本条例规定的工伤保险待遇项目和标准支付费用。劳动者发生工伤后，如果企业没有为劳动者缴纳保险，劳动者的工伤费，将由用人单位全部支付，而无法通过工伤保险支付。另外，根据我国法律规定，因用人单位的原因无法缴纳基本养老保险费，导致劳动者达到法定退休年龄产生养老金损失，该损失应由用人单位按劳动者的年限工资等因素确定支付。

3. 强制征收的风险。

我国法律规定，用人单位未依法缴纳社会保险费的，由社会保险费征收机构责令其在一定期限缴纳；逾期未缴纳的，可申请法院强制执行。也就是说，如果劳动者把用人单位投诉到监察机构，社会保险费征收机构是可以强制单位进行补缴的，这个费用是无论如何都省不下来的。

4. 行政处罚的风险。

用人单位未给劳动者缴纳社保，劳动保障行政部门会依法责令用人单位在一定期限内全部缴清费用。逾期不缴纳的将会加收滞纳金，并对欠缴单位直接负责的主管人员和其他直接责任人员处以罚款。被行政部门发现不仅要补上所有的费用，还会被罚款，是不是得不偿失呢？

5. 劳动用工风险。

根据《劳动法》规定，用人单位未依法为劳动者缴纳社会保险费的，劳动者可以解除劳动合同，用人单位应当向劳动者支付经济补偿。也就是说，如果劳动者事后反悔，要求用人单位给缴纳社保，用人单位在合理期限内拒不办理，劳动者以此为由解除劳动合同并请求用人单位支付经济补偿，是会得到法院支持的。经济补偿金的计算标准，按劳动者在单位连续工作的年限，每满一年支付一个月工资，其中六个月以上不满一年的按一年计算；不满六个月的支付半个月工资。

这就是用人单位老板让员工签署自愿放弃缴纳社保承诺书的风险。无论哪种风险都会给企业带来巨大损失，这样看来，遵守法律规定、按照标准给员工缴纳社保才是最划算的做法。

分析了案例和法律风险后，我们来研究一下面对这种情况，员工该采取什么办法来应对呢？

1. **员工要明白这种承诺书的无效性。**

《劳动法》第七十二条规定，用人单位和劳动者必须依法参加社会保险，缴纳社会保险费。也就是说，社会保险具有强制性，不可通过约定免除责任。所以现实生活中，劳动者书写的《自愿放弃缴纳社保承诺书》虽属真实意思表示，但因违反法律法规的强制性规定而无效。

2. **劳动者可以拒绝签署《自愿放弃缴纳社保承诺书》。**

因为社保是国家要求企业给劳动者的福利，是非常重要的保障，因此不要因为贪图小利，每月多收入300—500元，就去违法，像案例中的吴女士那样受了工伤无处索赔。

3. **已经签了劳动合同的劳动者，可以以此为由解除劳动合同。**

依据《劳动合同法》第三十八条和四十六条规定，劳动者可以以用人单位未依法为劳动者缴纳社会保险费为由解除劳动合同，然后主张经济补偿。实践中会遇到员工先提出不缴纳社会保险的要求，后又通过辞职主张经济补偿，这其实是不诚信、目的不纯的表现。因此还是建议大家依法办事，表里如一。

4. 用人单位以劳动者在当地缴纳了农村养老保险为由不为劳动者缴纳职工基本养老保险也是不对的。

因为这两种保险的性质不同，他们之间并不冲突。新农合是指由政府组织、引导、支持，农民自愿参加，个人、集体和政府多方筹资，以大病统筹为主的农民医疗互助共济制度。采取个人缴费、集体扶持和政府资助的方式筹集资金。

社会保险是一种缴费性的社会保障，资金主要由用人单位和劳动者本人缴纳，政府财政给予补贴并承担最终的责任，属于国家强制性保险。

农村户口劳动者在为用人单位提供劳动、为用人单位创造社会财富时，已经与用人单位建立了劳动关系，用人单位和劳动者必须根据《劳动法》《劳动合同法》《社会保险法》等相关规定参加社会保险、缴纳社会保险费。农村户口劳动者缴纳了新农合保险后，不能免除用人单位为其缴纳社会保险的义务。因此，用人单位以劳动者已经参加了新农合保险为由拒绝为农民工缴纳社会保险，违反了法定义务。劳动者有权依照上述法律规定，要求用人单位为其补缴社会保险。

此外，律师还要提示几个问题。

1. 劳动者向用人单位追缴其在职期间的社会保险费，不属于劳动争议。

社会保险行政部门与缴费义务之间是一种管理与被管理的行政法律关系，属于行政管理行为。用人单位不依法参加社会保险及拖欠或拒缴社会保险费，违反的是行政管理法规，损害的是国家社会统筹保险制度。因此，劳动者请求用人单位为其建立社会保险关系或缴纳社保费，可以举报要求查处。但劳动者以用人单位未办理社会保险，且社会保险经办机构不能补办，导致其无法享受社会保险待遇为由，要求用人单位赔偿损失的，属于劳动争议处理范围，可以直接向劳动人事仲裁机构寻求解决办法。

2. 基于劳动者只能有一个保险关系，作为员工是采用灵活就业人员方式缴纳社保，还是在用人单位缴纳社保，可以与用人单位协商。

社会保险制度属于国家强制性保险。《劳动法》规定，在劳动关系存续期间，用工单位和劳动者必须依法参加社会保险，缴纳社会保险费。劳动者以灵活就业人员方式缴纳社会保险后，不能免除用人单位依法应当承担的缴纳社保费的法律义务。

3. 用人单位在劳动者入职前期提供培训，用人单位约定劳动者必须服务期满三年，服务期内用人单位不缴纳社会保险的，劳动者可以提出解除劳动合同。

《劳动合同法》第三十八条第三款规定，未依法为劳动者缴纳社会保险费的，劳动者可以解除劳动合同。《中华人民共和国劳动合同法实施条例》第二十六条规定，用人单位与劳动者约定了服务期，劳动者依照劳动合同法第三十八条的规定解除劳动合同的，不属于违反服务期的约定，用人单位不得要求劳动者支付违约金。因此，如果用人单位与劳动者签署了培训协议、劳动合同，存在服务期，服务期内用人单位未给劳动者缴纳社会保险费，劳动者可单方解除劳动合同，且无须返还培训费用。

办法就介绍到这里。现实生活中，还会面对各种各样的问题，但无论多么复杂，劳动者为用人单位提供劳动，就有权享受社会保险的福利，缴纳社会保险是用人单位的法定义务，不能因"自愿放弃"而逃避责任。愿我们都能自觉遵守法律规定，切实增强法律意识、互助意识、责任意识，促使社会保障制度走向成熟，都能享受社保带来的福利。

4.4
工伤的判定与赔偿

【引言】

　　有一条社会新闻是这样的：某公司因急于用工，加急招聘工人，当天晚上就要求工人入职到岗，没想到仅上岗 2 小时，就有人意外倒地猝死。家属认为死者在岗位上发生意外属于工伤，公司应承担赔偿责任；公司则认为死者到岗仅 2 小时，公司未安排重体力劳动，没有过错，不应当赔偿。

　　这样的悲剧是我们不希望看到的。当前工作场所灵活、工作类型推陈出新，工伤案件新情况新问题层出不穷，而法律规定的工作时间、工作场所、工作原因等概念并不十分清晰，民事侵权赔偿与工伤保险赔偿存在较大分歧，导致工伤界定不清，但是工伤判定的标准、工伤认定的结果，对劳动者的权益保护又十分重要。

因此，哪些情况算工伤，工伤如何认定，如何进行赔偿，都是劳动者要了解的问题，我们还是通过案例来了解。

【案例1】

2006年3月，叶女士进入纸箱厂印刷车间从事磨光工作。工作中常接触覆膜油、磨光油、UV油、甲苯等有毒物质。2008年3月叶女士离职，2009年进入包装公司，工作中仍要接触覆膜油、甲苯等有毒物质。纸箱厂和包装厂两个单位均没有为叶女士进行过职业病体检。2010年6月，叶女士因身体不适，到所在省职业病防治院检查，被诊断为职业性慢性重度苯中毒、再生障碍性贫血。随后叶女士住院治疗。2010年7月31日，叶女士被劳动和社会保障局认定为工伤，劳动能力鉴定委员鉴定为二级伤残，部分护理依赖。

据了解，2004年至2010年，疾病预防控制中心每年都对该包装公司印刷车间定期进行卫生监测，2010年5月24日的监测结果显示，上光工段的甲苯浓度超过国家卫生标准，疾控中心提出整改意见，要求上光工段必须加强通风排毒，保证车间内的苯、甲苯等毒物监测项目符合国家卫生标准。

2010年9月7日，叶女士提出解除劳动关系，并要求包装公司承担工伤赔偿。但包装公司认为叶女士的职业病形成于纸箱厂期间，在包装公司时间短，不足以形成职业病，对此不同意承担赔偿责任。叶女士向劳动争议仲裁委员会申请仲裁，要求包装公司支付一次性伤残补助金、一次性工伤医疗补助金及伤残津贴等赔偿。仲裁和法院经过审理，均支持了叶女士的请求。

【案例 2】

2017 年 6 月，某公司组织员工日本五日游。李某系公司职工，主动参加了旅游。途中突发疾病经抢救无效于次日上午 10 时死亡。医院的《居民死亡医学证明书》载明，死亡原因为脑干功能衰竭、脑疝、脑出血、高血压。李某家属向人社局提出工伤认定申请。

经审核，人社局认为李某的情形不符合《工伤保险条例》第十四条、第十五条认定为工伤或视同工伤的情形，决定不予认定。李某家属不服，将人社局诉至法院，请求撤销《不予认定工伤决定书》，责令相关部门重新作出行政决定。

双方的争议点是李某的死亡是否符合"在工作时间和工作岗位"的要素。经查，李某赴日本旅游，虽由其公司负担费用并代办手续，但并不带有强制性，且此次活动的内容也与工作及履行职责无关。因此不应当视为李某工作的一部分，不符合在"工作时间和工作岗位"这两个要素。最终，法院认为李某在单位组织的旅游途中突发疾病在 48 小时之内经抢救无效死亡的情形不符合《工伤保险条例》第十五条第（一）项的规定，也不符合《工伤保险条例》规定的其他应当认定为工伤或者视同工伤的情形，判决驳回了原告的诉讼请求。

【会有办法】

从案例 1 中，我们了解到了职业病作为工伤的情形。

根据《中华人民共和国职业病防治法》规定，对从事接触职业病危害的作业的劳动者，用人单位应当按照国务院卫生行政部门的规定组织上岗前、在岗期间和离岗时的职业健康检查，并将检查结果书面告知劳动者。该条规定不仅申明了用人单位在岗前、岗中、离岗时为劳动者进行职业健康检查的义务，同时也是对劳资双方的保护。

当前，用人单位和劳动者均存在不同程度职业病防范意识薄弱问题，用人单位在职业病防护设备、用品方面投入和关注度欠缺，致使陶瓷业、印刷业、纺织业等行业职业病高发。而在当前的用工环境中，又普遍存在人员流动大的现象，不少人员在经营项目相同或相近企业间流动，当职业病被确诊后，易导致责任主体互相推脱。

律师提醒您，如果从事相关接触职业病危害的工作，一定要定期体检，早做防治，并及时向所在单位提出工伤认定。最好的办法是入职前一定要了解清楚，用人单位关于危害人身体健康的劳动作业是否采取了符合国家标准的保护措施，以减少对个人身体的伤害，尤其是女性劳动者。

案例 2 则突出了工伤认定标准中"在工作时间和工作岗位"这一要素，职工的死亡虽发生在公司组织的旅游期间，但与工作岗位无关，所以不能认定为工伤。

那么，工伤的定义是什么？它的认定标准又是怎样的呢？

工伤，是指劳动者在从事职业活动或者与职业活动有关的活动时所遭受的不良因素的伤害和职业病伤害。

认定标准包括：（1）在工作时间和工作场所内，因工作原因受到事故伤害的；（2）工作时间前后在工作场所内，从事与工作有关的预备性或者收尾性工作受到事故伤害的；（3）在工作时间和工作场所内，因履行工作职责受到暴力等意外伤害的；（4）患职业病的；（5）因工外出期间，由于工作原因受到伤害或者发生事故下落不明的；（6）在上下班途中，受到非本人主要责任的交通事故或者城市轨道交通、客运轮渡、火车事故伤害的；（7）法律、行政法规规定应当认定为工伤的其他情形。

此外，还存在一些可视同工伤的情形。所谓视同工伤，是指这种情形本来不符合认定工伤的标准，但考虑到其可能与工作存在着一定的联系，在一定条件下可视作工伤对待，也体现了立法者对劳动者的保护，但为了避免无限制地扩大而加重用人单位的责任，在视同工伤的认定上，有以下三种情形：第一，在工作时间和工作岗位，突发疾病死亡或在 48 小时之内经抢救无效死亡的；第二，在抢险救灾等维护国家利益、公共利益活动中受到伤害的；第三，职工原在军队服役，因战、因公负伤致残，已取得革命伤残军人证，到用人单位后旧伤复发的。

下面，我们来梳理一下工伤申报流程。

1. 单位、职工或直系亲属申请。

职工发生伤亡事故后，用人单位应当立即向当地劳动保障行政部门和工伤保险经办机构报告，并填报《事故伤害报告表》。同时应在伤亡事故发生或职业病确诊之日起 30 日内填报并提交《工伤认定申请表》和首诊病历本、旁证材料、身份证等有关材料。未参加工伤保险的用人单位应提交用人单位的营业执照复印件或工商行政管理部门出具的查询证明。

用人单位未在规定期限申请认定的，职工或直系亲属可在伤亡事故或职业病确诊之日起一年内直接向劳动保障行政部门提出工伤认定申请。

2. 受理。

如职工或其直系亲属的申请超过一年的期限或不符合管辖权规定，劳动保障行政部门将不予受理，并出具不予受理决定书。如申请材料不全，劳动保障行政部门在 7 个工作日内会以书面形式一次性告知申请人。

3. 调查。

职工或直系亲属提出工伤认定申请的，劳动保障行政部门会对用人单位发出《工伤认定协查通知书》，要求单位提供相关材料，单位在规定时间内未能提出相反证据的，视为对职工或其直系亲属提供的证据材料无异议。有关单位和个人应据实提供情况和有关证据或证据线索，参保单位有意隐瞒伤亡事故真相、提供虚假证据或数据等材料以及拒绝配合事故调查的，工伤保险经办机构可以拒绝支付工伤保险待遇的各项费用，转由用人单位负担。

4. 认定。

劳动保障行政部门应在正式受理之日起 60 日内做出认定结论，开出《工伤认定结论书》。结论作出之日起 20 个工作日内送达用人单位和职工或其直亲属，并抄送工伤保险经办机构。用人单位或职工（直系亲属）对工伤认定申请不予受理的决定或工伤认定结论不服的，可以在收到决定之日起 60 日内依法申请行政复议；对复议决定不服的，可以依法提起行政诉讼。认定为工伤的参保职工，应在医疗期满后，向市劳动能力鉴定委员会提出劳动力鉴定申请，有关费用由工伤保险经办机构按规定处理。认定为工伤的未参保职工，有关费用由用人单位支付、报销。

那么，如果发生了工伤，该怎么维权呢？

1. 搜集劳动关系存在的证据。

证据包括劳动合同、工作证、上岗证、工资条等。在没有参加工伤保险的情况下，用人单位是工伤保险待遇的承担者。申请工伤认定有确定的期限，超过期限，劳动保障行政部门将不会受理，追索工伤保险待遇也将得不到仲裁、法院的支持。

2. 严格工伤认定的标准。

案例2中的李某之所以没有被认定为工伤，是因为公司组织员工旅游，虽然公司承担费用，但并非强制，与工作没有关系，因此无法将此次旅游活动视为工作的一部分。反之假如旅游活动是公司的年终总结会加旅游，并带有强制属性，即符合了"工作时间和工作岗位"这两个要素，此时员工受到伤害是可以被认定为工伤的。因此对标准要十分注意。

3. 了解伤残级别和计算标准。

经治疗伤情相对稳定后存在残疾、影响劳动能力的，应当进行劳动能力的鉴定。

4. 签订赔偿协议。

待劳动能力鉴定出结论后，由律师出面按照伤残等级谈判工伤赔偿事宜，签订赔偿协议。

提到赔偿，有关工伤赔偿内容与标准，我们一起来了解一下。

赔偿内容包括：（1）医疗费；（2）康复费、整容费及后续治疗费；（3）伙食补助费；（4）交通费；（5）护理费；（6）停工留薪期工资；（7）伤残辅助器具费；（8）一次性伤残补助金；（9）伤残津贴。

《工伤保险条例》第三十九条规定："职工因工死亡，其近亲属按照下列规定从工伤保险基金领取丧葬补助金、供养亲属抚恤金和一次性工亡补助金：（一）丧葬补助金为 6 个月的统筹地区上年度职工月平均工资。（二）供养亲属抚恤金按照职工本人工资的一定比例发给由因工死亡职工生前提供主要生活来源、无劳动能力的亲属。标准为：配偶每月 40%，其他亲属每人每月 30%，孤寡老人或者孤儿每人每月在上述标准的基础上增加 10%。核定的各供养亲属的抚恤金之和不应高于因工死亡职工生前的工资。供养亲属的具体范围由国务院社会保险行政部门规定。（三）一次性工亡补助金标准为上一年度全国城镇居民人均可支配收入的 20 倍。"

我国《工伤保险条例》颁布以来，已初步建立起了适应社会主义市场经济体制要求、具有中国特色的新型工伤保险制度，对于保障职工工伤权益、分散用人单位工伤风险、促进经济发展和社会和谐稳定发挥了重要作用，为广大劳动者撑起了一柄坚实的保护伞，因此我们需要用它好好维护我们的权利。

4.5

被拖欠工资怎么办?

【引言】

　　某项目经理就不当言论道歉的话题强势登上了微博热搜,占据热搜榜单第 34 名的位置。原来是某广场项目拖欠 137 名农民工工资,总金额高达 387 万元,项目经理却在沟通过程中口出狂言威胁。都说"有钱没钱回家过年",但如果此刻你不幸深陷被恶意拖欠工资的困境,还会有心情回家过年吗?尽管国家三令五申不得拖欠农民工工资,并对拖欠工资的行为采取了惩治措施,但拖欠工资的情况还是时有发生,面对这种情况怎么办?作为劳动者该如何保障自己的权益呢?我们还是通过分析案例说明。

【案例 1】

　　李某大学毕业到某广告公司工作，入职后签订了三年劳动合同，约定李某的工资为每月 3000 元。第一年每月按时发放了工资，第二年公司三个月没发工资，理由是资金周转困难。李某因要缴纳租房费用与公司协商，希望能将所欠工资发给自己，公司表示资金很困难，希望再等几个月。李某多次协商未果，无奈提起劳动仲裁，请求公司支付拖欠工资 9000 元，经济补偿金 6750 元，并解除劳动合同。

　　根据《劳动合同法》第三十八条第二项：如果用人单位未及时足额支付劳动报酬的，劳动者可以解除劳动合同，用人单位需要向劳动者支付经济补偿金。经济补偿金按照劳动者在公司的工作年限，每满一年支付一个月的工资，六个月以上不满一年的，按一年计算；不满六个月的，向劳动者支付半个月的工资。按照法律规定，广告公司应支付拖欠李某的工资 9000 元，拖欠工资的经济补偿金 2250 元，一年零三个月的解除劳动合同的经济补偿金 4500 元。

【案例 2】

　　某公司承包一项目工程，赵某为该项目负责人。赵某将该工程的劳务部分分包给了黄某,黄某带着数十名工人施工,并与班组长签订了劳务分包合同。工程施工完毕,赵某与黄某因对施工面积等存在争议,工程尾款一直未结算。致使90多万元工资未支付。工人为维护权益,向劳动部门反映,劳动监察大队下达整改指令书,责令公司、赵某、黄某等人解决此事。因此事长期未解决,政府部门成立领导小组,公安机关也立案,最终将黄某以拒不支付劳动报酬罪逮捕。

法院审理后认为,被告人黄某逃避、拒不支付劳动者报酬超过90万元,数额巨大。经政府有关部门责令支付仍不支付,其行为触犯了我国刑法,构成"拒不支付劳动报酬罪"。被告人在拖欠劳动者报酬后,人力资源社会保障部通知其在指定时间到指定地点配合解决问题,但其未到,应视为"以逃匿方法逃避支付劳动者报酬",被告人在下达整改指令书之后,仍未支付;被告行为符合"拒不支付劳动报酬罪"的构成要件。法院判决:黄某犯拒不支付劳动报酬罪,判处有期徒刑一年,并处罚金二万。

【会有办法】

现实情况中,拖欠工资和报酬的情形多种多样,什么情况下可以补偿,什么情况下会判刑呢?下面我们就依法来说清楚。

《劳动法》第五十条规定，工资应当以货币形式按月支付给劳动者本人。不得克扣或者无故拖欠劳动者的工资。"按月支付"既包括工资应当以月薪的形式发放，也包括应当每月支付，因此用人单位应当在自然月结束的 30 天内结算工资，超过 30 天即构成拖欠工资。工资必须在用人单位与劳动者约定的日期支付。如遇节假日或休息日，则应提前在最近的工作日支付。工资至少每月支付一次，实行周、日、小时工资制的可按周、日、小时支付工资。如果用人单位是因生产经营困难、资金周转不足等原因，暂时无法按时给员工支付工资，经与本单位所有员工协商一致，可以延期在一月内支付劳动者工资。延期支付工资的时间应告知全体劳动者，并报主管部门备案，无主管部门的报市或区、县劳动行政部门备案。

那么，都有哪些情形属于克扣或无故拖欠工资呢？

"克扣"指用人单位无正当理由扣减劳动者应得工资，不包括减发工资的情况：如 (1) 国家的法律、法规中有明确规定的；(2) 依法签订的劳动合同中有明确规定的；(3) 用人单位依法制定并经职代会批准的；(4) 企业工资总额与经济效益相联系，经济效益下浮时，工资必须下浮的（但支付给劳动者工资不得低于当地最低工资标准）；(5) 因劳动者请事假等相应减发工资等。

"无故拖欠"指用人单位无正当理由，超过规定付薪时间未支付劳动者工资。劳动部《对〈工资支付暂行规定〉有关问题的补充规定》中对于"无故"作了排除性规定："'无故拖欠'系指用人单位无正当理由超过规定付薪时间未支付劳动者工资。不包括：（1）用人单位遇到非人力所能抗拒的自然灾害、战争等原因，无法按时支付工资；（2）用人单位确因生产经营困难、资金周转受到影响，在征得本单位工会同意后，可暂时延期支付劳动者工资，延期时间的最长限制可由各省、自治区、直辖市劳动行政部门根据各地情况确定。其他情况下拖欠工资均属无故拖欠。"

根据《劳动合同法》规定，用人单位对劳动者未及时足额支付劳动报酬的，劳动者可以提出解除劳动合同并要求用人单位支付赔偿金。根据《劳动合同法》第八十五条的规定，用人单位未按劳动合同的约定或者国家规定及时足额支付劳动者劳动报酬的，由劳动行政部门责令限期支付劳动报酬、加班费或者经济补偿；用人单位低于当地最低工资标准支付劳动者工资的，应当支付其差额部分；逾期不支付的，责令用人单位按应付金额的百分之五十以上百分之一百以下的标准向劳动者加付赔偿金。

如果你不幸遇到了工资被拖欠的情形，律师告诉你，可以分以下几步走。

1. 协商和沟通。

劳动者因被拖欠工资发生争议时，应先向用人单位提出要求，主动与用人单位沟通协商，协商解决一定是众多方法中最快的。但协商不能解决的话，可以请工会进行调解。一般来说，多数用人单位考虑到诉讼成本和造成的负面影响，会同意支付工资的合理要求。在双方达成一致意见后，劳动者可与用人单位签订和解协议，但要注意该协议并无强制执行力。

2. 举报。

如果协商没有结果，劳动者可以到劳动监察部门举报，到所在地劳动局劳动管理监察大队反映、投诉，劳动监察大队会立案，留下劳动者的资料，然后去用人单位调查了解。事情属实会出面调解，并警告用人单位的行为已违反劳动法，遇到拒不执行的用人单位，他们会强制执行。

3. 申请仲裁。

在无法与用人单位协商或者经协商仍无效时，劳动者可以在劳动关系终止之日起1年内，向用人单位所在地或者劳动合同履行地的劳动争议仲裁委员会提起仲裁。仲裁庭在庭前会调解，此时的调解书就具有强制执行力。为了加大对劳动者合法权益的保护力度，减少劳动者的维权成本，《中华人民共和国劳动争议调解仲裁法》（以下简称《劳动争议调解仲裁法》）规定因拖欠劳动者工资报酬引发的争议，对于用人单位来说是一裁终局的。对劳动者则有两种选择，劳动者可以选择一裁终局，也可选择向基层法院起诉。

4. 劳动者如果对仲裁结果不满意，可在拿到仲裁书后15天之内，向仲裁机构所在地法院起诉。

也就是说，劳动者如果未能获得满意的结果，可通过诉讼形式补救一次。而用人单位仅在符合法定情形时，才能向法院申请撤销仲裁。

5. 索要经济补偿金。

仲裁或诉讼时，劳动者可以要求在规定的时间内，全额支付劳动者工资报酬，还可以要求经济补偿金。

6. 追究刑事责任。

如果包工头或项目经理以转移财产、逃匿等方法逃避支付劳动报酬或有能力支付而不支付劳动者劳动报酬，数额较大，经政府有关部门责令支付仍不支付的，由司法机关按照《刑法》第二百七十六条之一，"拒不支付劳动报酬罪"追究用人单位及其直接负责的主管人员和其他直接责任人员的刑事责任，可以处三年以下有期徒刑或者拘役，并处或者单处罚金；造成严重后果的，处三年以上七年以下有期徒刑，并处罚金。尚未造成严重后果，在提起公诉前支付劳动者的劳动报酬，并依法承担相应赔偿责任的，可以减轻或者免除处罚。

在介绍了解决工资拖欠问题的办法后，还有几点是律师希望劳动者注意的。

1. 通过诉讼途径解决的，又分三种情况。

一是针对劳动纠纷案件，经劳动仲裁后任何一方不服的，可以向法院提起诉讼；二是经仲裁后都服从，劳动仲裁裁决生效后，用人单位不执行的，可申请法院强制执行；三是属于劳务欠款类的，可直接向法院提起民事诉讼。

2. 如果你是为个人工作，没有劳动关系，可以直接去法院起诉老板个人，要求支付劳动报酬。

3. 仲裁时效的规定。

一年时效，起算时间为从当事人知道或应当知道其权利被侵害之日。

其实，虽然用人单位欠付了劳动者工资，但劳动者依然想继续在用人单位工作，这时劳动者也很矛盾，如果提出仲裁势必会对自己产生影响，不提出仲裁又拿不到钱，面对这两难的地步，律师提醒你不用担心，因为《劳动争议调解仲裁法》第二十七条第四款规定："劳动关系存续期间因拖欠劳动报酬发生争议的，劳动者申请仲裁不受本条第一款规定的仲裁时效期间的限制。"这条规定是为了避免出现劳动者在劳动关系存续期间无法自由、平等地向用人单位主张权利现象的出现，从实质上保护劳动者的权益。不管用人单位拖欠全部报酬还是部分劳动报酬，都构成工资欠付，在劳动关系存续期间，劳动者申请仲裁不受仲裁时效期间的限制。简单说，只要还在用人单位工作，出现了工资欠付的事情，仲裁时效从离职之日起计算。另外，用人单位不按期支付劳动报酬，劳动者可以提出解除劳动合同并要求用人单位支付经济补偿金，并不必然导致劳动合同的解除或终止。

4.冷静追款。

碰到拖欠劳动报酬时，虽然十分气愤，但一定不要失去理智。千万不能采取过激和暴力行为，如爬楼、堵路、打砸等。否则，一时冲动不但于事无补，还有可能因触犯刑律被追究责任。经济条件不好的劳动者，可以向当地法律援助机构申请法律援助，用专业的法律服务提升维权效果，同时降低自己的维权成本。

5.留好证据。

在维权时，一定要注意保存好证据，如劳动关系证明、工资支付记录、加班和考勤记录等，仲裁机构也好，法院也好，都以事实说话，以证据说话。

注意事项就介绍到这里。最后我们再从全国层面介绍一些情况。岁末年初各类项目、工程资金相继进入结算期，叠加疫情的影响，拖欠农民工工资现象可能会高发，检察机关综合运用了各种法律手段，依法惩治"恶意欠薪"违法犯罪行为，保障了民生民利。据统计，2021 年 1 月至 11 月，全国检察机关共受理审查起诉拒不支付劳动报酬犯罪案件 2813 件 3243 人，通过办案追缴欠薪约 1.68 亿元。这个信息让我们看到了政府在加强社会治理、打击违法行为方面，已经加大力度，希望我们都行动起来，参与社会治理，建立长效机制，督促企业合规经营，避免出现拖欠劳动报酬的现象。

4.6 "三期"被辞退或劳动合同到期不续签,该怎么办?

【引言】

"怀孕 = 失业",早就不是危言耸听的话题了。早在 2019 年 4 月,女职工试用期怀孕被辞退的话题腾空而出,短时间内就达到了近 2 亿的阅读量,受关注程度不亚于明星的花边新闻。

虽说孕育小生命是件幸福事,但要经历十月怀胎,在分娩后还需要哺乳……因为这些,越来越多的孕妇遭受了职场不公平的待遇。智联招聘《2018 年中国女性职场现状调查报告》数据显示,24.21% 的女性认为生育后薪酬降了,26.59% 的女性认为生育后"地位"下降了。

事实证明,女性在社会中面临着家庭和工作的双重压力，一方面要完成结婚生子的使命做妈妈；另一方面还要兼顾职场晋升。是"佛系"养胎还是拼命工作，成了准妈妈必须面对的问题。虽然我国出台了大量的法律法规和政策来维护女职工"三期"的权益，降低女性的生育成本，但依然存在权利被侵犯的事实。面对职场的残酷现实，法律是怎么规定的？我们又该怎么面对呢？

【案例】

某公司 39 岁的总经理高某，2007 年 12 月入职，2014 年 4 月起休产假，法定产假结束后主动到岗工作。产假期间公司搬家，但没告知高某办公新址。高某自行找到新的办公地址，坚持工作。同年 10 月 5 日，公司董事长口头通知高某解除劳动合同，但拒绝出示书面的辞退通知，也未提出经济补偿方案。高某在公司工作七年，但始终未签订书面劳动合同，还被公司克扣和拖欠了哺乳期工资，在哺乳期内被辞退。高某与董事长多次协商，在争取权益无果后，高某委托律师维权，律师为高某提供了法律意见。

首先，建议其要求公司撤销违法解除劳动合同的通知，恢复工作岗位；其次，辞退要给经济补偿金；再次，由于辞退通知系口头提出，无证据证明公司存在违法辞退行为，建议高某与公司沟通，要求公司出具书面的辞退通知，并将谈话内容录音，保留证据；最后，要求高某在协商期间按时上下班，不做违反公司规章制度的事。

高某按照律师意见逐一操作。经过协商后，公司仍拒绝出具书面辞退通知书。随后高某的律师向公司出具了律师函，提出维权请求。未果后，向北京某区劳动争议仲裁委员会提出了劳动仲裁，要求公司支付克扣和拖欠的工资，确认双方劳动关系存续。仲裁委作出裁决，支持了高某的请求。

公司不服，向法院提起诉讼。庭审中，在法官的调解下，双方同意公司支付 20 万元达成调解，法院出具了调解书，确认双方劳动关系解除。公司在规定期内向高某支付了包括工资、经济补偿金在内的费用共计 20 万元。双方劳动争议解决。

【 会有办法 】

这是女高管在哺乳期内维权成功的案例。本案高管在哺乳期内，公司变更地址不通知员工，克扣和拖欠工资，不提供工作条件，无故辞退，不签订劳动合同，完全漠视职工"三期"的权益。高某作为公司高管也未能免于辞退，这充分揭示了妇女在就业方面的困难程度。据中国妇女社会地位调查显示，在就业方面遭遇过性别歧视的女性占 10%，男性占 4.5%，其中因结婚怀孕生育而被解雇的 73.6% 为女性，反映了女性的平等就业权遭受侵犯的问题较为突出。

案例中，确认劳动关系存在，收集和固定证据，都是有效维权的关键。高某的律师从女性平等就业权的角度认真研读了案情，提出了解决方案，指导高某与用人单位进行协商，搜集和保存相关证据，扭转了高某证据不足的局面，在仲裁和诉讼中争取了主动。高某在被侵权后也及时寻求专业律师的帮助，最终获得了应得的补偿。这个案件对女性维权具有借鉴意义。如何像本案中的高某一样维护自身权益？我们还是要先从法律规定开始了解。

"三期"是指孕期、产期、哺乳期。"三期"在实践中又分为两种情形：第一，妊娠开始到生产，再到婴儿满一周岁；第二，妊娠开始到流产，再到产假结束。

法律规定"三期"女性享有以下权益：（1）产前假和产前休息。根据《女职工劳动保护特别规定》，怀孕 7 个月以上的女职工，用人单位不得延长劳动时间或安排夜班劳动，并应在劳动时间内安排一定的休息时间。（2）产前检查假（共 11 次，每次半天）。根据《女职工劳动保护特别规定》，女职工产检应当算作劳动时间，按正常出勤对待，不能按病假、事假或旷工处理，如果有特殊情况需要增加产前检查次数的，应当出具医院的证明报告。（3）保胎假。保胎假不是法定的带薪假，是按照相关病假待遇的工资处理，保胎假没有期限限制。（4）流产假。依据《女职工劳动保护特别规定》，女职工怀孕未满4个月流产的，享受15天产假，满4个月流产的，享受42天产假，全国各地规定不一样，可关注当地规定。（5）产假。产假分为基本产假、多胞胎产假、延长产假等。女职工生育享受不少于98天的产假，其中产前15天，产后83天，难产的增加15天。多胞胎生育的，每多生育1胎，在基本产假的基础上增加产假15天。也就是说，如果你生育双胞胎，没有难产的情况下可休113天。（6）护理假、陪产假（配偶享有）。护理假、陪产假需按各地政策执行。（7）哺乳时间和哺乳假。婴儿一周岁内为哺乳期，哺乳期内每天应有1小时哺乳时间，女职工生育多胞胎的，每个婴儿每天增加1小时哺乳时间，哺乳时间算作劳动时间，如生育双胞胎，每天工作6小时，但工资按8小时计算。

如果女职工在"三期"中是按照法律规定休假，其余时间正常出勤，企业均应按正常的工资标准支付，不可以克扣。除了法律规定的正常休假之外，如果还休了其他假，比如产前假、保胎假等则应该按照规定执行。产前假工资按本人原工资的一定比例支付；保胎假工资按照病假工资支付；产假工资和流产假工资由生育保险基金支付或按照劳动合同约定的本人工资标准支付；陪产假工资按劳动合同约定的本人工资标准支付。

那么，怀孕之后，我们该怎么做？在维护自己权益方面该注意什么呢？

1. 要做好沟通。

女性在怀孕后，要主动向单位报告，坦诚沟通，表达自己对公司的感激和歉意，坚持上班到生产，让公司看到你的诚意。虽然怀孕受法律保护，但单位的考核压力还是要有人承担的，尤其是一个萝卜一个坑的单位，不养闲人，所以要克服困难尽力做好分内工作。

2. 调整好心态。

面对公司不续签或解除合同，要调整好心态，即使丢了工作也不要因为生气导致流产。即使暂时找不到工作，也可以利用这个时间好好待产，学习充电，积累知识，厚积薄发。

3. 依法办事，遵守规章制度。

"三期"女员工虽然受法律的特殊保护，但仍需遵守单位规章制度，保护不是无限度无原则。用人单位不得以女职工"三期"为由降低工资、解除劳动合同，并不能理解为对"三期"女职工在任何情形下都不得解除劳动合同。如严重违纪给用人单位造成重大损失，用人单位仍可行使单方解除权，故"三期"女职工不能以自己处于"三期"为由不遵守用人单位的规章制度。

4.在特殊情况下，用人单位可以进行调岗，但不得降低工资待遇。

女职工怀孕后，不能适应原工作岗位的，用人单位可以对其进行合理的工作调整。比如工作环境中接触化学药品试剂，这明显不适合怀孕女职工继续在岗，用人单位可以主动或经女职工申请调整岗位。用人单位还可以根据医疗机构的证明予以减轻劳动量或安排其他劳动。但调整岗位后，用人单位不能降低其工资待遇。

5.合理维权的三种途径。

第一种，女职工"三期"内的权益受到侵犯，可以向用人单位提出申诉，要求维护其合法权益，也可委托妇联、工会等组织介入维权。

第二种，向劳动合同履行地的劳动部门进行举报和投诉，要求劳动部门纠正用人单位的违法行为。

第三种，劳动仲裁。用人单位拒不改正或者情节严重的，女职工也可以提起劳动仲裁，要求解除劳动合同，赔偿损失。

维权时要注意以下三点。

第一，在"三期"被辞退，劳动者可以要求继续履行合同或要求用人单位支付赔偿金。《劳动合同法》规定，用人单位违反本法规定解除或者终止劳动合同，劳动者要求继续履行劳动合同的，用人单位应当继续履行；如果劳动者不要求继续履行劳动合同或者劳动合同已经不能继续履行的，用人单位应当按照经济补偿金标准的 2 倍支付赔偿金。

第二，"三期"劳动合同到期公司不续签，劳动者可以向公司提出续签合同要求，如果单位坚持不续签，可以向劳动行政部门反映，由劳动行政部门责令改正，对劳动者造成损害的，应当承担赔偿责任。

第三，对降低工资的，职工可依法投诉、举报、申诉，或向当地劳动人事争议仲裁机构和人民法院申请仲裁或提起诉讼。

女职工"三期"的权利义务介绍完了，维权办法也讲了，不知你是否受益？希望我们的女性朋友要自觉地学法用法，增强依法维权的意识，坚定维护妇女权益的决心，做到经济上独立、工作中自信，既做家庭幸福和谐的佳人，又做职场独当一面的都市丽人。

4.7

离职后，怎么索要经济补偿金?

【引言】

　　2021 年"双减"政策一出，让某知名教育培训机构受到不小的影响。 2022 年 1 月初该机构发布年终业绩：2021 年公司市值下跌 90%，营收减少 80%。负责人表示，2021 年辞退员工 6 万人，员工的遣散费是"N+1"，再加上培训费的退款，总共花费了 200 亿元人民币，假设其中的一半是用于员工辞退，那每名员工将拿到 15—20 万元的赔偿金。其实不仅仅是这家机构，众多教育培训机构都纷纷选择"断臂求生"，一时间众多教育行业员工被裁员，这些员工的经济补偿金到位了吗？离职后怎样索要经济补偿金？哪些情况单位应当向员工支付补偿金，哪些情况下可以不支付补偿金？我们还是从一个案例说起。

【案例1】

2010年4月26日，朱某与北京某科技有限公司先后签订两份劳动合同，约定期限自2010年4月26日始至2020年4月25日止。2019年8月，朱某所在公司因迁往外地导致朱某的工作岗位调整，使劳动合同订立时所依据的客观情况发生了重大变化。朱某不同意到外地工作，双方经协商无法达成协议。于是，2019年9月2日，公司在未提前通知朱某的情况下，与其解除了劳动合同。朱某不服，要求公司额外支付一个月的工资，并支付九个半月的经济补偿金62383.27元。公司拒绝。无奈，朱某向北京某区劳动争议仲裁委提出申请，请求裁决公司额外支付一个月的工资和经济补偿金。最终仲裁委裁定：某科技有限公司额外支付朱某一个月的工资7200元；支付朱某经济补偿金62383.27元。

【案例2】

2015年3月，应届大学毕业生小李被A公司录用，但在签订劳动合同时，公司表示，按照公司规定，凡是新招用的职工要先签订六个月的试用合同，试用期工资是正常工资的一半。试用期过后经考核合格才能签订正式的劳动合同。

小李考虑到如今刚毕业，就业不易，就签订了这份试用合同。六个月期满后，Ａ公司以小李在试用期内表现不合格为由，不予签订正式的劳动合同。小李对此不服，向劳动争议仲裁委员会提出申诉。要求公司支付经济补偿金，并补发未按照正常工资支付的工资差额。

劳动争议仲裁委员会认为，依据《中华人民共和国劳动合同法》第十九条第四款的规定，试用期包含在劳动合同期限内。劳动合同仅约定试用期的，试用期不成立，该期限为劳动合同期限。本案中，Ａ公司与小李签订的是试用期合同，依据上述规定，试用期不成立，六个月的试用期即为劳动合同期限。依据《中华人民共和国劳动合同法》第四十六条第（五）项的规定，公司不与小李续签劳动合同，应当向小李支付一个月工资的经济补偿金。另外Ａ公司在小李的"试用合同"期间，支付的工资为正常工资的一半，因试用期不成立，六个月的试用期即为劳动合同期限，因此公司应当按照正常的工资数额发放给小李。

【会有办法】

这个案例让我们知道了补偿金申请支付的适用情况以及补偿金的计算方法。那么离职后劳动者该怎么索要补偿金呢？劳动者离职的情况千千万，有的是劳动者提出，有的是用人单位要求，也有的是双方协商一致，还有的是被迫离职，违法解除劳动合同。什么情况下离职，劳动者可以向单位索要经济补偿金？什么情况不可以？什么情况下可以向单位索要赔偿金？我们将一一进行梳理。

经济补偿金，是指劳动合同解除或终止后，或存在其他法定情形时，用人单位依法给予劳动者经济上的补助。

首先，我们来聊聊劳动者可以向单位索要经济补偿金的情形。

1. 劳动者单方解除劳动合同。

用人单位有下列过错情形之一的，劳动者可以单方解除劳动合同，用人单位应当依法向劳动者支付经济补偿金：

（1）用人单位未按照劳动合同约定提供劳动保护或者劳动条件的；

（2）用人单位未及时足额支付劳动报酬的；

（3）用人单位未依法为劳动者缴纳社会保险费的；

（4）用人单位的规章制度违反法律、法规的规定，损害劳动者权益的；

（5）用人单位以欺诈、胁迫的手段或者乘人之危，使劳动者在违背真实意思的情况下订立或者变更劳动合同，致使劳动合同无效的；

（6）用人单位免除自己的法定责任、排除劳动者权利，致使劳动合同无效的；

（7）用人单位违反法律、行政法规强制性规定，致使劳动合同无效的；

（8）用人单位以暴力、威胁或者非法限制人身自由的手段强迫劳动者劳动的；

（9）用人单位违章指挥、强令冒险作业危及劳动者人身安全的；

（10）法律、行政法规规定劳动者可以解除劳动合同的其他情形。

需要注意的是，在第（8）（9）种情形下劳动者可以立即解除劳动合同，不需事先告知用人单位。

2.用人单位单方解除劳动合同。

用人单位因以下非劳动者过错的原因，提前三十日以书面形式通知劳动者本人或者额外支付劳动者一个月工资后，可以解除劳动合同：

（1）劳动者患病或者非因工负伤，在规定的医疗期满后不能从事原工作，也不能从事由用人单位另行安排的工作的；

（2）劳动者不能胜任工作，经过培训或者调整工作岗位，仍不能胜任工作的；

（3）劳动合同订立时所依据的客观情况发生重大变

化，致使劳动合同无法履行，经用人单位与劳动者协商，未能就变更劳动合同内容达成协议的；

（4）用人单位依法进行经济性裁员的。

3. 劳动者与用人单位协商解除劳动合同。

在劳动合同期满之前，用人单位提出解除劳动合同并与劳动者协商一致的，可以解除劳动合同，并应当向劳动者支付经济补偿金。

4. 固定期限劳动合同期满，用人单位不同意或以低于原合同约定条件的条件续订。

固定期限劳动合同因期满而终止的，除用人单位维持或者提高劳动合同约定条件续订劳动合同，劳动者不同意续订的情形外，用人单位应当依法向劳动者支付经济补偿金。也就是说，在以下两种情形下用人单位应当依法向劳动者支付经济补偿金：

（1）用人单位不同意续订劳动合同；

（2）用人单位虽然同意与劳动者续订劳动合同，但续订合同中约定的条件低于原合同中的约定条件。

需要注意的是，《劳动合同法》第四十六条第五项中的"约定条件"，应当是指原劳动合同中约定的条件，除当事人约定的条款外，还包括劳动合同的必备条款。

5. 因用人单位主体资格消灭而终止劳动合同。

以下两种情形下用人单位作为劳动关系的一方的主体资格

消灭，劳动合同终止，用人单位应当向劳动者支付经济补偿：

（1）用人单位被依法宣告破产的；

（2）用人单位被吊销营业执照、责令关闭、撤销或者用人单位决定提前解散的。

6. 用人单位与劳动者之间的事实劳动关系终止。

用人单位自用工之日起超过一个月不满一年未与劳动者订立书面劳动合同，经用人单位书面通知，劳动者仍不与用人单位订立书面劳动合同的，用人单位应当书面通知劳动者终止劳动关系，并向劳动者支付经济补偿。

7. 因一定工作任务完成而终止劳动合同。

以完成一定工作任务为期限的劳动合同因任务完成而终止的，用人单位应当向劳动者支付经济补偿。

8. 竞业限制期内的经济补偿。

对负有保密义务的劳动者，用人单位可以在劳动合同或者保密协议中与劳动者约定竞业限制条款，并约定在解除或者终止劳动合同后，在竞业限制期限内按月给予劳动者经济补偿。

【补充案例】

李某在某美容医院担任麻醉师职务，双方签订了期限为

2011年6月1日至2014年5月31日的劳动合同。2014年4月1日，某美容医院提出按照原劳动报酬水平与李某续签劳动合同，李某书面表示需要考虑。至2014年5月31日原劳动合同期限届满，李某仍未与某美容医院续签劳动合同。2014年6月30日，李某离开某美容医院。其后，李某向劳动人事争议仲裁委员会申请仲裁，请求裁决某美容医院支付解除劳动合同的经济补偿金56006元，劳动人事争议仲裁委员会裁决驳回了李某的仲裁请求。李某不服，向法院起诉。

法院经审理认为，在双方原劳动合同约定的期限届满前，某美容医院即提出以原劳动合同约定条件续签劳动合同，但直至原劳动合同期限届满，李某仍不与某美容医院续签劳动合同，属于劳动合同期满后用人单位维持原劳动合同约定条件续订劳动合同而劳动者不同意续订，系《劳动合同法》第四十六条第（五）项规定的支付经济补偿金的除外情形，某美容医院不应向李某支付经济补偿金。

下面我们一起了解一下，用人单位无须支付经济补偿金的情形。

（一）劳动合同解除时，无须支付补偿金的情形
1. 劳动者提出解除劳动合同，并与用人单位协商一致。
在协商解除劳动合同的情形下，劳动者提出解除劳动

合同，并与用人单位协商达成一致，可以解除劳动合同，此时用人单位无须支付经济补偿金。

2. **劳动者提前通知解除劳动合同。**

劳动者提前三十日以书面形式通知用人单位，或在试用期内提前三日通知用人单位，可以解除劳动合同，用人单位无须支付经济补偿金。

3. **因劳动者过错导致用人单位解除劳动合同。**

劳动者有下列过错情形之一的，用人单位可以解除劳动合同，且无须支付经济补偿金：

（1）在试用期间被证明不符合录用条件的；

（2）严重违反用人单位的规章制度的；

（3）严重失职，营私舞弊，给用人单位造成重大损害的；

（4）劳动者同时与其他用人单位建立劳动关系，对完成本单位的工作任务造成严重影响，或者经用人单位提出，拒不改正的；

（5）以欺诈、胁迫的手段或者乘人之危，使对方在违背真实意思的情况下订立或者变更劳动合同，致使劳动合同无效的；

（6）被依法追究刑事责任的。

（二）劳动合同终止时，无须支付经济补偿金的情形

1. **固定期限劳动合同因期满而终止的，如果用人单位**

维持或者提高劳动合同约定条件续订劳动合同，而劳动者不同意续订，则用人单位无须支付经济补偿金。

2. 劳动者开始依法享受基本养老保险待遇，以及劳动者死亡或者被人民法院宣告死亡或者宣告失踪，导致劳动合同终止的，用人单位无须支付经济补偿金。

3. 非全日制的终止用工。

非全日制用工双方当事人任何一方都可以随时通知对方终止用工。终止用工，用人单位不向劳动者支付经济补偿。

4. 自用工之日起一个月内，经用人单位书面通知，劳动者仍不与用人单位订立劳动合同，导致用人单位终止劳动关系的，用人单位无须支付经济补偿金。

（三）其他无须支付经济补偿金的情形

用人单位未按照约定或国家规定及时足额实付劳动报酬、加班费或经济补偿，及劳动报酬低于当地最低工资标准的，由劳动行政部门责令用人单位限期支付而逾期未支付或未补足的，用人单位按应付金额的 50% 以上 100% 以下为标准支付应付金额的赔偿金，无须再支付额外的经济补偿金。

需要注意的是，根据《劳动合同法》第八十五条以及《最高人民法院关于审理劳动争议案件适用法律问题的解释（一）》第一条第三项的规定，劳动者关于上述赔偿金的请求，必须满足以下条件才能提出，即劳动者在向人民法院起诉前，已经就该问题向劳动行政部门投诉，且劳动行政部门责令用人单位限期支付后，用人单位仍未支付。对此，劳动者应当承担举证责任，否则无法获得人民法院的支持。

而赔偿金，是指用人单位或劳动者违反法律规定或劳动合同的约定给对方造成损失时，向对方承担的给付一定数额金钱的民事法律责任形式。

赔偿金主要分为法定赔偿金和按照实际造成的损害承担赔偿责任两种。《劳动合同法》仅对用人单位规定了应当支付法定赔偿金的情形，根据实际损害承担赔偿责任对用人单位和劳动者都适用。

1. 支付法定赔偿金。

用人单位应当支付法定赔偿金的情形主要包括以下几种：

（1）违法解除或终止劳动合同。用人单位违反《劳动合同法》规定解除或者终止劳动合同，劳动者不要求继续履行劳动合同或者劳动合同已经不能继续履行的，用人单位应当按经济补偿的 2 倍标准向劳动者支付赔偿金。

（2）不及时与劳动者签订书面劳动合同。用人单位自用工之日起超过 1 个月不满 1 年未与劳动者订立书面劳动合同的，应当向劳动者每月支付2倍的工资。用人单位违反《劳动合同法》规定不与劳动者订立无固定期限劳动合同的，自应当订立无固定期限劳动合同之日起向劳动者每月支付2倍的工资。

（3）违法约定试用期。用人单位违反法律规定与劳动者约定试用期的，且该试用期已经履行的，由用人单位以劳动者试用期满月工资为标准，按已经履行的超过法定试用期的期间向劳动者支付赔偿金。

（4）被责令限期支付但未支付劳动报酬、加班费或经济补偿。用人单位未按照约定或国家规定及时足额实付劳动报酬、加班费或经济补偿，及劳动报酬低于当地最低工资标准的，由劳动行政部门责令用人单位限期支付而逾期未支付或未补足的，用人单位按应付金额的50%以上100%以下为标准向劳动者赔偿金。

2. 根据实际造成的损害承担赔偿责任。

企业承担损害赔偿责任的情形主要有以下几种：

（1）用人单位的规章制度违法。用人单位直接涉及劳动者切身利益的规章制度违反法律、法规规定，给劳动者造成损害的，应当承担赔偿责任。

（2）劳动合同缺乏必备条款或不向劳动者提供劳动合同文本。用人单位提供的劳动合同文本未载明《劳动合同法》规定的劳动合同必备条款或者用人单位未将劳动合同文本交付劳动者，给劳动者造成损害的，应当承担赔偿责任。

（3）扣押劳动者居民身份证等证件，以担保或其他名义向劳动者收取财物。给劳动者造成损害的，应当承担赔偿责任。

（4）扣押劳动者档案或其他物品。劳动者依法解除或者终止劳动合同，用人单位扣押劳动者档案或者其他物品，给劳动者造成损害的，应当承担赔偿责任。

（5）因用人单位原因致使劳动合同无效。劳动合同由于用人单位过错而被确认无效，给劳动者造成损害的，应当承担赔偿责任。

（6）用人单位严重违法用工。用人单位有下列情形之一的，依法给予行政处罚；构成犯罪的，依法追究刑事责任；给劳动者造成损害的，应当承担赔偿责任：

①以暴力、威胁或者非法限制人身自由的手段强迫劳动的；

②违章指挥或者强令冒险作业危及劳动者人身安全的；

③侮辱、体罚、殴打、非法搜查或者拘禁劳动者的；

④劳动条件恶劣、环境污染严重，给劳动者身心健康造成严重损害的。

（7）未向劳动者出具解除或终止劳动合同证明。用人单位未向劳动者出具解除或者终止劳动合同的书面证明，给劳动者造成损害的，应当承担赔偿责任。

（8）用人单位是无营业执照经营单位。对不具备合法经营资格的用人单位的违法犯罪行为，劳动者已经付出劳动的，该单位或者其出资人应当依照本法有关规定向劳动者支付劳动报酬、经济补偿、赔偿金；给劳动者造成损害的，应当承担赔偿责任。

3. 承担连带赔偿责任。

企业须与其他单位或个人在下列：

（1）用人单位招用与其他用人单位尚未解除或者终止劳动合同的劳动者，给其他用人单位造成损失的，应当承担连带赔偿责任。

（2）用工单位给被派遣劳动者造成损害的，劳务派遣单位与用工单位承担连带赔偿责任。

（3）个人承包经营违反法律规定招用劳动者，给劳动者造成损害的，发包的组织与个人承包经营者承担连带赔偿责任。

【补充案例】

小杨于 2014 年 6 月 16 日入职某公司，担任管道工，双方未签订书面劳动合同，口头约定试用期 3 个月。2014 年 9 月 19 日，因调岗问题，小杨离职。其后，小杨向劳动人事争议仲裁委员会申请仲裁，请求裁决某公司支付未签书面劳动合同的二倍工资等，劳动人事争议仲裁委员会裁决某公司支付小杨未签劳动合同的二倍工资差额5000元。某公司不服，向法院起诉，其诉称的主要理由是，未签劳动合同的原因在于小杨试用期间提出离职，故某公司不应当支付二倍工资差额。

法院经审理认为，《劳动合同法》第十条第一款规定，建立劳动关系，应当订立书面劳动合同，某公司未与小杨签订书面劳动合同，应当承担相应的法律后果，即依照该法第八十二条第一款之规定，向小杨支付其入职满一个月的次日起至离职之日止未签订书面劳动合同的二倍工资差额，无论未签订劳动合同的原因是否在于小杨试用期提出辞职，均不能免除某公司承担二倍工资差额的法律责任，故驳回了某公司关于不支付二倍工资差额的诉讼请求。

讲到这里，相信你已经基本掌握关于索要补偿金的办法了。但是不管是经济补偿金还是赔偿金，都是对劳动者在个人权益受到损失后的救济办法，我们鼓励女性朋友们积极维权，同时也希望你能找到一家守法的企业、一份稳定的工作，在和谐的工作环境中提升自我。

4.8

单位拒绝为我办理离职证明及社保档案转移手续，该怎么办？

【引言】

　　裁员在职场中颇为常见，公司一旦宣布裁员，最苦的还是员工。前段时间看到一位网友吐槽，他表示公司因效益不好下发了裁员通知，很不幸自己的名字就在裁员名单上。随后这位网友去公司人事部门办理离职手续，当拿到公司开具的离职证明后，他发现离职证明上显示"被辞退"，他让公司 HR 重新出具离职证明，但 HR 说："离职证明就是这样写的。"随后当事人把这份离职证明的照片放到了网上，让大家评论。显然这属于"不如实出具离职证明"的情况，也有单位拒绝出具离职证明及办理社保档案转移手续。面对这些情况该怎么办？我们还是通过一个案例来了解。

【案例】

2018年6月28日，李某从A公司辞职后，应聘B公司。8月7日B公司向李某发出聘用通知书，岗位为经理，月工资2万元，并要求李某报到时提供离职证明和办理社保档案转移手续的证明。

李某前往A公司办理相关材料，A公司将档案交付给李某让其自行办理，但不同意开具离职证明。李某持档案到区职业服务中心办理社保档案转移手续时，因档案内的材料不全被退回，要求补全后再提交，但A公司不予配合，后档案仍存放在A公司。李某因此不能到B公司上班，遭受工资损失、未缴纳社保无法享受医疗保险待遇和医疗费不能报销的损失。无奈之下，李某申请劳动仲裁，要求A公司办理档案移转手续、支付由此造成的损失。仲裁委经审理，支持了申请人李某的请求，A公司不服，诉至人民法院。人民法院审理后，判决A公司为李某办理档案转移手续，自判决生效之日起10日内支付李某工资损失60000元、医药费损失2500元。

【会有办法】

这个案例让我们看到，劳动者离职后，开具离职证明是用人单位的法定义务，但如果单位不开具证明或拖延办理，我们该怎么办？离职过程中，员工和公司又有哪些义务呢？

劳动者离职时涉及的手续有：应当按照双方约定，办理工作岗位的工作交接手续；应当办理各种工作工具的交接（一般单位有个流转表，一项一项办理）；支付劳动者补偿金的应在交接时一并支付；因工作考取的证件，属于劳动者所有的直接交接，若没有原件可以要求提供复印件并加盖印章，注明"经核对此件与原件无误"字样即可；用人单位给劳动者出具解除劳动合同证明；用人单位在十五天内为劳动者办理档案和社会保险关系的转移手续。

开具离职证明和办理社会保险关系的转移手续，是用人单位的义务。《劳动合同法》第五十条规定：用人单位应当在解除或者终止劳动合同时开具解除或者终止劳动合同的证明，并在十五日内为劳动者办理档案和社会保险关系转移手续。用人单位不履行应尽的义务，通常有以下两种原因。

一是劳动者未办理工作交接，用人单位拒绝办理社保转移手续。二是劳动者主动提出与用人单位解除劳动合同后，不理会用人单位的赔偿要求，用人单位则不给职工办理人事关系和档案的调转手续。其实即便是劳动者没有办理交接，或不理会用人单位的赔偿要求，用人单位也不可以拒绝出具离职证明和社保手续转移。因为《劳动合同法》第五十条为劳资双方设定了如下合同义务：首先，在劳动合同解除或终止时，用人单位应当向劳动者出具解除或终止证明；其次，在劳动合同解除或终止后十五日内，用人单位要为劳动者办理社会保险转移手续；再次，劳动者应当按照双方约定办理工作交接。需要支付经济补偿金的，在劳动者办理完工作交接时予以支付。以上规定中明确约定，出具解除或终止劳动合同证明、办理社会保险转移手续、支付经济补偿金是用人单位需要履行的基本的"后合同义务"。而履行义务的时间节点各不相同，这就提醒用人单位，应当重视并完善劳动合同解除、终止环节的工作流程，对工作交接的内容、时间、公司财产进行约定，并对劳动者是否需要签订竞业限制和保密协议进行审查，以追求用人单位利益最大化。对有约定但不办理工作交接的劳动者，用人单位可以拒付经济补偿金，但是不能拒绝办理离职证明。

那么，如果用人单位不出具离职证明，都会给劳动者造成哪些损失呢？

用人单位不依据法律规定给劳动者出具解除或者终止劳动合同的书面证明，可能会给劳动者享受失业保险待遇、享受自主创业再就业的优惠政策等造成阻碍，损害劳动者的合法权益。一般损失有两种。

1. 失业保险待遇损失。

根据《失业保险金申领发放办法》第七条，失业人员申领失业保险金应填写《失业保险金申领表》，并出示本人身份证明、所在单位出具的终止或者解除劳动合同的证明、失业登记及省级劳动保障行政部门规定的其他材料。也就是说，如用人单位未给劳动者出具解除或终止劳动合同的书面证明，即使是劳动者作为失业人员符合申领条件的情况下，也会因为无法提供解除或终止劳动合同的书面证明无法申领失业保险金，影响劳动者应该享有的失业保险待遇。

2. 未能就业的工资损失。

用人单位不能聘用没有解除劳动关系的员工，否则要承担连带责任，因此用人单位不出具终止或解除劳动关系证明会导致员工工资损失。实务中很多用人单位因担心招用了与前单位尚未解除或终止劳动关系的劳动者所带来的连带责任，都会要求劳动者在入职时提供离职证明。如果劳动者无法提供该证明，可能就无法被录用，造成工资损失。

　　说了这么多，万一我们遇到单位拒绝为职工办理离职证明及社保档案转移手续，造成了损失，该怎么办呢？

　　《实施〈中华人民共和国社会保险法〉若干规定》第十九条规定，用人单位在终止或者解除劳动合同时拒不向职工出具终止或者解除劳动关系证明，导致职工无法享受社会保险待遇的，用人单位应当依法承担赔偿责任。《中华人民共和国社会保险法》第八十五条规定：用人单位拒不出具终止或者解除劳动关系证明的，依照《中华人民共和国劳动合同法》规定，给劳动者造成损害的，应当承担赔偿责任。司法实践中，用人单位不出具离职证明的赔偿案例主要有两种类型，一是赔偿劳动者失业保险待遇损失，二是赔偿劳动者因缺少《离职证明》未能就业导致的工资损失。

　　开具离职证明是企业的义务，企业有自由开具离职证明的权力，但这些自由是有限度的。单位开具离职证明必须依法，不能随意不能任性，更不能因此损害劳动者权益。离职证明怎样开具才算合法呢？我国《劳动合同法实施条例》第二十四规定，用人单位出具的解除、终止劳动合同的证明，应当写明劳动合同期限、解除或者终止劳动合同的日期、工作岗位、在本单位工作年限等。也就是说，离职证明是没有要求写明离职原因的，更不允许对劳动者的道德品行以及在公司的工作进行评价，在用词上要合规合法。

通过今天的讲解，我们知道了离职证明对劳动者而言不仅是前一段工作经历的总结，也是另一段职场生涯的开始，还可能是劳动者享受失业保险的凭证。在我国劳动法律法规日益完善、劳动者维权意识不断提高的情况下，我们希望用人单位能站在维护劳动者权利、保护平等就业、维护健康劳动秩序的角度，为离职的劳动者积极办理手续，开具离职证明，不要影响员工自由平等就业的机会。让我们共同行动起来，共同建立和谐的劳资关系。

4.9 职场遭遇性骚扰，我该怎么办？

【引言】

2021 年某大型互联网公司职场性骚扰事件，不是简单用"职场陋习""酒桌文化"就可以轻轻带过的，这件事再一次将职场性骚扰的世界性难题放到了阳光之下。其实这不只关乎伦理道德，还涉及法律，《民法典》就对性骚扰做出了明确的规定。有没有想过，万一你遇上了性骚扰该怎么办？

【案例】

阿强（化名）和小芳（化名）是一个单位同一部门的同事。自 2019 年 8 月开始，阿强通过频繁拨打小芳电话、不断发送低俗下流、黄色暴力的微信、短信，甚至采取偷窥、尾随等方式对小芳实施性骚扰。有证据显示，阿强的骚扰行为几乎每天都在进行，从未间断。2020年3月，忍无可忍的小芳将此事向单位反映。经领导要求阿强写下保证书。2020年5月中旬的一天晚上，阿强又拨打小芳电话。小芳看到电话显示后，立即上报要求公司处理。应公司要求，阿强再次写下保证书称："我以后再也不会和她有任何方式的接触，恳请她原谅我。如果再发生任何方式的联系，我主动辞职，接受公司任何处理并负相应法律责任……"

面对阿强的反复骚扰，小芳心情抑郁、精神恍惚，身心受到了严重伤害。2020年6月起便病休在家。2021年3月，小芳诉至法院。人民法院审理后认为，被告阿强在违背原告小芳主观意愿的情形下，以发送淫秽性短信的方式，侵害小芳的人格利益，对小芳身心及家庭造成了相当程度的损害，导致小芳病休，产生了医疗费、护理费、交通费、误工费等损失。被告应赔偿小芳医疗费、误工费、精神损害抚慰金等共计9.8万余元，并书面赔礼道歉。

【会有办法】

这是《民法典》实施后第一起性骚扰侵权案。本案对

维护女性人格尊严及权利起到了引导作用。其实2012年
美国联邦法院也曾对一起性骚扰案进行审判，陪审团要求
被告向被害人支付1.68亿美元作为补偿。该案也成了美国
历史乃至世界史上赔款数额最高的性骚扰案。通过这些案
例，我们可以看到审判者的决心和社会的导向。在找到办
法前，还是先了解些法律规定。

什么是性骚扰？《民法典》第一千零一十条规定："违
背他人意愿，以言语、文字、图像、肢体行为等方式对他
人实施性骚扰的，受害人有权依法请求行为人承担民事责
任。机关、企业、学校等单位应当采取合理的预防、受理
投诉、调查处置等措施，防止和制止利用职权、从属关系
等实施性骚扰。"这条规定对性骚扰进行了明确界定，并
采用"列举＋开放式规定"的形式对性骚扰的情形和范围
做出了界定，明确了其构成要件为"违背意愿＋他人＋语言、
文字、图片、肢体行为等方式"，并拓宽了职场性骚扰被
侵权人的主体范围，不同于以往的是，该规定未限定职场
性骚扰受害者主体的性别，而是采用了"他人"加以描述。

职场性骚扰的类型主要有以下三种：（1）多次发送淫
秽、侮辱、恐吓或其他信息，干扰他人正常生活；（2）性
骚扰不限于言语、肢体行为，还包括发送文字、图像、表情
文字，打情骂俏及大尺度地调情、摸手、搂腰、摸脸或敏感

部位；（3）在公共场所、办公室内故意裸露身体等。性骚扰的场所主要包含：工作场所，下班途中，办公室或家中，公务出差中，同事聚会，客户酒局，等等。

全国总工会编制的《消除工作场所性骚扰指导手册》认为，职场性骚扰通常以两种形式出现。

一是交换型的性骚扰。指由某些掌握权力的人，如主管、领导，用性骚扰作为对方获得与工作有关的机会或待遇（如录用、晋升、加薪、培训机会、调岗、职业稳定等）的交换条件。要求跟他搞暧昧、陪酒、陪玩或是发生性关系等。受害者不得不接受这些要求，否则可能失去机会或待遇。

二是工作环境的性骚扰。指在工作场所，以具有性意味的言辞或行为，或基于性别进行侮辱的言辞或行为，而给他人营造敌意性、胁迫性或冒犯性的工作环境。引言中提到的某大型互联网公司职场性骚扰事件就属于这一种。

而采取暴力、恐吓、灌醉、下迷药等手段进行猥亵或强奸，就不属于性骚扰，而涉嫌犯罪了。

职场性骚扰为什么会屡禁不止呢？我认为主要有以下五大原因。（1）沉默和躲避。由于性骚扰的隐秘性和举证难问题，受害者整体选择了沉默和躲避。（2）所属单位态度暧昧。员工所属单位在性骚扰中起着重要作用，并负有责任，但领导态度暧昧，会导致被害者害怕丢工作或担心影响生存环境，而被迫忍气吞声，不敢反抗，某大型互联网公司职场性骚扰事件处理中中层领导的态度就是明显的例子。（3）职场潜规则。这严重冲击了公众的价值观和道德观，导致被骚扰者怕把事情说出去，自己的伤痛成了别人的饭后谈资，或让别人用有色眼镜看待自己。（4）司法救济途径不畅通。无论是报警取证还是询问，都让受害人再次受到伤害，诉讼的成本又太高，从而导致被害人不想走司法途径。

那么我们要如何避免遇到性骚扰？而万一我们遇到了性骚扰，又该如何维权呢？

1. 作为女性，要勇敢地表达不愿意、不接受，证明自己不是软柿子，不会随意被人欺负和占便宜。

2. 女性不要轻易接受男人的馈赠，要学会婉拒不明确的职场社交，言谈举止得体、自若，不过分谦卑。

3. 谨慎留存证据。

受骚扰后第一时间保留证据，留存施害者的生物学痕迹，证实两人身体的接触；保留电话记录、微信截图、录音、监控影像等资料，收集证人证言，这些都可以作为起诉的证据。

4. 女性要学会不谈钱，千万不要轻易接受私了。

5. 巧用帮助途径。

首先，应及时向所在单位反映。根据《民法典》规定，单位对此负有防止、制止义务。用人单位、学校等知悉发生性骚扰时，应立即制止并采取有效的补救措施，以适当的方式处理、处置。其次，可报警寻求帮助。尽快去医院鉴定，固定证据，现场反抗的痕迹、身上的伤、衣服破损、呼救声等都是有力证据。最后，可直接去法院起诉。案由为"性骚扰损害责任纠纷"，受害人可以依据《民法典》请求行为人承担民事责任。包括：停止骚扰、损害赔偿、财产损失赔偿；如造成身体和健康上的伤害，由此产生的医疗费、护理费、误工费等赔偿；可能发生的，受害者由于性骚扰被辞退而造成的经济损失；精神损害赔偿等。性骚扰不同于其他的侵权，主要是给受害者造成精神痛苦，给受害人制造了令人生厌的、受压抑的工作学习环境，严重地干扰了其正常的工作学习。

6. 营造良好的社会风气。

《中国妇女报》指出："法治社会不容藏污纳垢，没有哪个圈是法外之地！在中国的土地上，任何人都不能凌驾于法律之上。"我们要自觉地净化社会风气，职场风气。

7. 诉讼时效的保护。

《民法典》第一百八十八条规定，向人民法院请求保护民事权利的诉讼时效期间为三年。法律另有规定的，依照其规定。

　　以上这些知识和内容，希望能对女性朋友有所帮助。的确，在劳动市场供给大于需求的背景下，很多女性在遭受性骚扰时，往往需要在人格尊严和生存压力面前做出抉择，基于生活压力，很多人选择了牺牲人格尊严而忍气吞声。但是大家一定要牢记，导致性骚扰的往往是受害者的懦弱。所以我们要拿起法律武器告诉那些心怀不轨的人："我不是软柿子，不会随意被人欺负和占便宜，如果你居心不良，就要你付出代价！"希望同在职场中的女性朋友都能勇敢起来，共同营造良好的职业环境。

第五章

99

/

生活虽然琐碎，但也有规则

5.1
租房时与中介、房东应该商议的事项

【引言】

微博热搜中有一个话题是"租房中的心碎瞬间"，其中有一句话很戳心："扛过了工作的压力，挨过了失恋的痛苦，却因为洗澡没热水蹲在地上又骂又哭……"对于漂泊在大城市的年轻人来说，"租房"可能是最扎心的词，有人统计过，租房一族在买房前平均会经过 3.7 次搬家，从租房的酸甜苦辣中体味着人生冷暖，也越发变得理性成熟。房东、租客、中介之间的矛盾时有发生。那么面对租房中各种各样的问题，我们该怎么处理？

【案例】

2018 年 8 月 19 日，韩某与房屋中介签订了房屋租赁合同，约定韩某租赁一套三居室中的一间，租金每月 1500 元，押一付三，租期一年。合同签订当日，韩某支付租金及押金后入住该房屋。合同履行期间，中介公司又将该套房屋的其他两间打隔断后出租给多人。

2019 年 4 月，行政管理部门在小区张贴《告知书》，对打隔断群租、出租厨房、卫生间、阳台和地下储藏室等违法行为进行整顿治理，要求上述房屋的承租人尽快搬离。6 月 19 日，相关部门联合执法清理群租房，韩某搬离了租赁房屋，但距租赁期满还差 2 个月。

韩某要求中介公司退回租金，未果，向法院提起诉讼，请求确认双方租赁合同无效，中介公司返还剩余的房屋租金及押金。

法院审理后认为，韩某与中介公司签订租赁合同系双方当事人真实意思表示，内容不违反法律、行政法规的强制性规定，应为合法有效，双方均应自觉履行各自义务。因中介公司在合同履行中将房屋群租，违反了房屋出租的相关管理规定，在相关部门清理群租房中，韩某于 2019 年 6 月 19 日被迫搬离房屋，法院确认双方的合同于 2019 年 6 月 19 日解除，并判决中介公司返还已支付的剩余租金及押金。

【 会有办法 】

这是一起涉及违规租房而提前终止合同的案件。租房时间不长，但烦恼不少。提前解约，租金要不回来，打官司费时费力，这就是承租人常遇到的问题。面对租房中的各种问题，我们要如何避免与中介和房东产生纠纷？如何合法地使用租赁房屋？如果是房东，又有哪些问题需要注意呢？

如果你是租户，需要了解以下内容。

1. 审查房东身份的真实性。

租户应在与房东见面后，先查看房东的房产证、身份证，如果是帮助他人出租房屋，还要审查委托书、房产证、身份证。如果房产证没有办下来，要出具购房合同以证明出租房屋的真实性。签约前，租户、中介、房东三方必须在场，防止"假房东"现象。常见的坑是：一切证件都有，但都是假的，"房东"在收取房租后就消失了。为了避免这种情况，最好在拿到证件后到有关部门查询核实，以确认房东的身份。

2. 了解租赁房屋的性质。

（1）房屋产权要清晰，是不是共有房屋，有没有居住权人。共有房屋要有共同的出租表示，如果房子有居住权人，那你的使用就受限了，因此要查明房屋的性质和状态。

（2）房屋是否属于保障性住房或群租房。保障性住房或群租房虽然不会导致租赁合同无效，但不符合规定，出租人出租该类房屋会受到相关行政机关的行政处罚，就像案例中的情形，如果遇到这种情况就需要提前解约。（3）带照租赁的情形。带照租赁会给承租人带来方便，租金也高，但租赁双方都应按照法律规定从事经营活动，不得通过带照租赁的方式将限制经营或特许经营业务的营业执照提供给他人使用，否则将导致租赁合同无效。

如果你是房东，要怎么避免纠纷呢？

1. 如直接与租客签订合同，要做好约定。

记得要在合同中约定租金及支付方式，最好约定为押一付三或付六，且写明如果逾期缴纳房租两个月的，房东有权要求支付违约金，超过三个月，有权提前解除租赁合同。

2. 如委托中介出租，与中介签订合同时要仔细阅读违约条款。

若条款对自己不利一定要提出修改意见。房东的违约责任包括延迟交付、房屋消防不达标等，一定要看清楚。因为一旦发生以上情形，房东需向中介承担违约责任。此外，还要写明房屋收回时的状态。

3. 最好不要与平台签订房屋委托管理合同，需要时可签订居间合同。

所谓居间合同就是仅由中介来推荐租客，房屋租赁合

同仍由房东与租客签订，租赁合同的主体可以是三方，甲
方为出租方、乙方为承租方、丙方是中介，只负责介绍收
取介绍费。这样一旦出现问题，房东可以直接解除合同收
回房屋。

　　建议租房签约使用规范的租赁合同，对权利义务、租
金交付、合同终止、违约责任做出明确约定，双方都应严
格履行合同约定义务。在签订合同时要注意：

　　（1）个人信息：合同要写明双方当事人的自然情况，
即出租人和承租人的姓名、住址、联系方式，以及租金缴
纳的账户等信息。

　　（2）用途：写明房屋是仅用于居住，还是有其他用途，
一定要明确不得擅自改变房屋用途；租房是一人自住、一
家人居住、还是承租人与其他人合住要明确；不得转租，
若承租人未经同意擅自转租的，出租人有权要求解除租赁
合同。

　　（3）房屋情况：写明租赁房屋的位置、实际面积、装
修情况，以及墙壁、门窗、地板、天花板、厨房、卫生间
的装修情况等。

　　（4）押金、租金及交付时间：明确约定押金租金数额、
交付时间、提前解除租赁合同押金的处理等；在合同期内
出租人不得擅自提高房租，可以约定每两年递增一定的比

例；租金的付款方式有年付、半年付和季付；对水电、煤气、电话、有线电视等费用如何缴纳也要约定明确。

（5）装修与维修：承租人对房屋进行装饰装修或扩建应征得出租人的同意；维修是出租人的责任。

（6）合同期限：由于承租人不希望频繁搬家，出租人不希望经常换房客，双方都需要签订相对长时间的合同，所以需要在合同中约定期限。租房期限最长为20年，如超过20年则超出部分无效。

（7）违约责任：在签订合同时，双方就要想到可能产生的违反合同的行为，并在合同中规定相应的惩罚办法。出租方有权提前解约的情形如：①欠租达三个月以上的；②擅自转租，擅自改变房屋结构或约定用途的。承租人有权要求解约的情形如：①出租人未按约定的时间向承租人提供出租房屋的；②出租人所提供的房屋不符合合同约定，导致承租人不能实现合同目的的；③出租人不按合同约定的责任负责维修房屋及其设施，保证房屋安全的；④租赁房屋危及承租人安全或健康的。此外，因不可抗力导致合同无法履行或经当事人双方协商一致的，可以提前解除合同。

（8）押金退还：租约期满房屋交付，在设施无毁损的情况下，出租人应当日退还押金。

（9）换锁：房屋交付后，承租人屋里的锁一定要换，防止出租人随意进出，影响财产安全和侵犯个人隐私。

　　关于物业交付的内容：（1）查看租赁房屋房产证，确认房屋性质、面积、装修等基本情况。（2）物业交验，屋内所有设施、物品详列《物业交验清单》作为其合同附件，检查家具、家电、门窗设施等有无损坏，以免出租人以此为借口克扣押金，水、电、燃气等要有结清证明。（3）合同期满房屋交付验收需按照《物业交验清单》验收，承租人应将房屋按原样恢复。

　　为了规范租赁双方的交易行为，减小交易风险，律师再次叮嘱房东不要签署房屋委托管理合同，否则后患无穷。

　　我们以蛋壳平台租赁纠纷案为例，房东和租客之间因为没有直接签订任何合同，两方都分别和蛋壳公寓签订的合同。租客与蛋壳公寓签订的是房屋租赁合同，而房东和蛋壳公寓签订的是房屋委托管理合同，合同约定蛋壳公寓延迟支付租金超过十五日，房东有权单方解除合同，但由于签约的双方是蛋壳公寓和房东，没有租客，所以合同中没有约定房东有权驱赶守约的租客。

　　蛋壳平台出问题后，租客仍有权利继续租用房屋。为什么呢？因为《民法典》第七百二十二条规定，承租人无正当理由未支付或者迟延支付租金的，出租人可以要求承租人在合理期限内支付，承租人逾期不支付的，出租人可以解除合同。但是承租人按时交了房租，出租人就无权解除合同。由于出租方的房东与蛋壳之间签订的是房屋委托管理合同，属于委托关系，即便房东单方解除托管合同，也无权直接驱赶租客收回房屋。所以在这种情况下，房东也难以维权。房东出于气愤和无奈，也为了维护自己的利益，就采取了过激的手段，如断水、断电逼迫租客，让租客无法居住，自行搬离。

万一遇到这种情况律师告诉你，作为租客，你可以拿起法律的武器保护自己的权益，收集房东断水、断电的证据后再搬离，搬离后，可向法院起诉要求房东承担损失赔偿责任。通常情况下法院会予以支持。还有的房东会以房屋所有权人的名义擅自进入房屋，对租客进行骚扰，这种情况下，租客可以报警，通常警察会来协调，骚扰超过三次的，租客可以主动搬离，再向法院起诉要求房东承担损失赔偿责任，法院也是会支持的。

尽管我们建议房东与租客直接签署租赁合同，但有时房东因要出国或怕麻烦等，还是愿意把房子委托给中介，这种情况下要注意什么？

1. 一定是委托给公司，而不是中介公司的个人。

合同中委托主体、委托事项、违约责任要写明，这样中介公司一旦违约你就可以解除合同了。

2. 合同签署时，条款要约定好。

租客把房屋租金及押金直接交给房东，房东只需留一个账户。如果这样也做不到，就在条款中注明，房租交付给中介公司的租金，视为已经交给了房东，支付房租的义务已经履行完毕。这样租赁期满后，房东就可要求租客搬出了。

3. 收集证据，保留凭证。

当事人应当及时收集证据，保留凭证、采用法律手段保护自己的合法权益。

4. 发生纠纷后，守约方应采取合理措施减少损失扩大。

如承租人提前解除合同从租赁房屋中搬离的，出租人不能任由房屋空置，而让承租人支付高额的赔偿费用；反之，如出租人要求提前收回房屋的，承租人也应采取合理措施。双方同意提前终止合同的，双方当事人应当及时办理房屋交接。诉讼期间，双方当事人可以在法院的组织下进行交接，也可自行办理交接。如果当事人一方在法院释明后仍拒绝交接的，应当承担此期间的房屋租金或房屋使用费。

介绍了这些办法，希望对你有所帮助。对于准备租房的朋友来说，还是需要谨慎小心，防止被假房东、黑中介欺诈、坑害，多了解一些租房的注意事项，才能让你避免骗局误区，顺利租房！

5.2 买房中的那些陷阱

【引言】

买房是人生中的大事，会带给买房人无限的憧憬，但也可能带来许多的意外。为了欣赏自然风光购买沿海大别墅，交房时发现海被高楼挡了；买学区房，交房时发现没学区了……网上著名的"学区房六年有效期"就是一个典型的案例。买房中的这些陷阱，真的是让购房者很无奈。开发商想多赚钱，就在商品房中埋下陷阱，但由于你不懂法、社会经验少，就有可能被坑了，房子也成了你的烦心事。那么如何避免房屋买卖合同中的那些陷阱？我们今天好好说说。

【案例】

2018 年 6 月 27 日，冯某与某开发商签订《××商品房买卖合同》，合同约定了商品房竣工验收标准、交付时间，并约定如因出卖人的原因未按照约定时间向买受人交付该房屋，逾期超过 90 日的，买受人有权解除合同。

2018 年 9 月 19 日，冯某与××银行签订《个人住房（商业用房）借款合同》约定冯某借款用于购买××房屋，并以××房屋办理抵押登记。2018 年 10 月 1 日，银行通过冯某账户一次性向开发商支付了剩余房款。借款合同约定本合同履行期间，借款人与售房人签订的商品房买卖合同被确认无效或被撤销、被解除的，借款人仍应当承担本合同项下的还款义务。贷款人与借款人的借贷关系解除的，借款人应当立即返还其所欠贷款人的贷款本金、利息、罚息及实现债权的费用，或委托售房人直接将上述款项归还贷款人。若借款人未能履行归还义务，贷款人保留提起诉讼的权利。

开发商收到冯某支付的首付款和银行贷款支付的余款后，为冯某开具了增值税普通发票，并为权利人冯某办理了预售房屋预告登记。之后，开发商逾期交房超过 90 日，冯某起诉，要求解除《××商品房买卖合同》并要求开发商赔偿损失。法院追加银行作为第三人参加诉讼。一审法院判决：解除冯某与开发商签订的《××商品房买卖合同》，解除冯某与银行的《个人住房（商业用房）借款合同》，由开发商承担违约责任并向冯某支付违约金，向××银行承担偿还全部贷款及利息的责任。开发商不服一审判决提起上诉，二审法院维持了一审判决。

【会有办法】

这是一起商品房买卖合同纠纷，争议点是商品房在逾期交付后，买房人行使合同解除权，由此造成的损失由谁承担。

根据《最高人民法院关于审理商品房买卖合同纠纷案件适用法律若干问题的解释》第二十条：因商品房买卖合同被确认无效或者被撤销、解除，致使商品房担保贷款合同的目的无法实现，当事人请求解除商品房担保贷款合同的，应予支持。第二十一条规定：商品房买卖合同被确认无效或者被撤销、解除后，商品房担保贷款合同也被解除的，出卖人应当将收受的购房贷款和购房款本金及利息分别返还担保权人和买受人。

这个案例，让我们看到了买房中的一些问题。买房中还有很多其他陷阱，如一房二卖、无法过户、户口无法迁出及学区房办不了手续等，我们怎样才能避免呢？在讲办法之前，我们先来梳理一下买新房的陷阱都有哪些。

买新房时，一般会出现以下问题：（1）宣传与实际不

符，说好的条件没兑现，如为欣赏自然风光而购买的沿海
大别墅，交房时发现海被高楼挡了；为了车位买房，交房
时没车位。（2）不能按期交房。（3）补充协议漏洞多，
如房屋交付标准以实际交房为准，口头承诺无效。

面对这些你又能怎么办呢？要求开发商改吗？似乎不
可能，毕竟在一房难求的情况下，购房者处于劣势地位。
那怎么办？律师告诉你，在你力所能及的情况下，注意这
些问题。

1. 检查开发商五证。

订房前，要检查开发商五证，即国有土地使用证、建
设用地规划许可证、建设工程规划许可证、建设工程施工
许可证、商品房销售（预售）许可证。有了这五证，房屋交
付后产权才能办理过户登记。

2. 查询开发商的信用状况。

通过企查查、天眼查、工商网、中国裁判文书网查询
开发商的信用情况。看开发商是否与购房者产生过纠纷，
或通过收集房价信息及社会新闻等方式对开发商的品质做
出判断。

3. 收集证据。

从踏进售楼处的那一刻就要紧张起来。宣传册要收好，
沙盘要拍照，售楼人员的对话要记录，万一以后发生了纠纷，

这些就是证据，说不准你就用上了。根据《最高人民法院关于审理商品房买卖合同纠纷案件适用法律若干问题的解释》第三条：商品房的销售广告和宣传资料为要约邀请，但是出卖人就商品房开发规划范围内的房屋及相关设施所作的说明和允诺具体确定，并对商品房买卖合同的订立及房屋价格的确定有重大影响的，构成要约。该说明和允诺即使未载入商品房买卖合同，亦应当视为合同内容，当事人违反的，应当承担违约责任。因此销售广告和宣传资料，对是否买房有重大影响的，要保留好。

4. 对格式条款要理解后再签。

《民法典》第四百九十六条规定，格式条款是当事人为了重复使用而预先拟定，并在订立合同时未与对方协商的条款。第四百九十八条规定，对格式条款的理解发生争议的，应当按照通常理解予以解释。对格式条款有两种以上解释的，应当作出不利于提供格式条款一方的解释。格式条款和非格式条款不一致的，应当采用非格式条款。

说完了新房，我们来讨论讨论二手房买卖中的陷阱都有什么。二手房买卖最常见的陷阱有：隐瞒真相、虚假承诺、学区房无学区、户口不能迁出、一房两卖、共有人反悔等。

签订二手房买卖合同时，需要注意以下几点。

1. 查证。

检查房产证中的所有权人姓名与卖方身份证信息是否一致，检查房产证与契税完税凭证记载信息是否一致。仔细核对信息，避免无处分权人擅自出售父母的房屋、兄弟姐妹的房屋、朋友的房屋等情形。

2. 查房。

检查所购房屋是单独所有还是共同所有，有无居住权人。因为很可能会发生夫妻一方未经对方同意而擅自出售房屋的情况，这样的二手房买卖由于侵犯了夫妻另一方的财产共有权，会被认定为无效。

3. 查债。

检查该房屋是否存在贷款、是否有抵押、是否存在被查封等情形。这些都会影响房屋过户。尤其要提醒的是，如果房屋不能过户，即便交付了房款，甚至装修入住，都将可能面临一房二卖的风险。《民法典》二百零九条规定：不动产物权的设立、变更、转让和消灭，经依法登记发生效力；未经登记，不发生效力。因为房屋不同于其他商品，房屋的所有权以登记为准。如果未过户登记，该房屋的所有权还是别人的。"查债"的"债"一方面是说，可以要求卖方持房产证原件到房管局查询房屋权属登记信息，确认该房屋没有抵押，不存在影响房屋过户的情形，不要轻信卖方的承诺而交付定金或房款。"债"的另一方面，是查询房屋是否拖欠物业费、水电煤气费等，双方可在合同中约定，办理房屋交接手续前该房屋发生的水电煤气费、物业费、供暖费、有线电视等费用由卖方承担，而交接后发生的费用由买方承担，防止无缘无故背上债务。

4.查租。

"买卖不破租赁"是指房屋的所有权转移后，承租人仍可继续在租赁期限内使用，而买方无权要求承租人搬出。此外，卖方在出售该房屋时，承租人还享有在同等条件下的优先购买权，这都是潜在的风险。如果已经知晓租赁的情况，仍然想购买，那就要要求卖方令房屋承租人签署一份放弃行使优先购买权的声明。

如果你购买的是新房，在正式签订房屋买卖合同时要注意：（1）在签订预售合同、商品房认购时，要确认幢号、楼层、房号、面积（建筑面积、套内面积、赠送面积）、朝向、房价等基本信息是否准确。（2）签订正式合同时，要仔细阅读条款，特别注意加粗加黑的条款，合同条款有房产使用年限、建筑用材用料说明、房屋平面图、交楼时间、物业公司收费标准、违约责任。（3）合同的主要条款尤其要注意，条款内容一定要与开发商协商，购房者务必在签字前理解所有条款内容，双方签字或盖章后合同立即生效。（4）补充条款，这是双方商议的内容，一定要明确不能含糊。（5）最后记住，保存证据。

如果你签订的是二手房合同，要注意：（1）正式签约时要核对买卖双方的基本信息与身份证是否相一致。（2）如果是共有房屋，一定要房屋共有人都到场，如果有特殊情况确实不能到场的，可以要求其出具授权委托书，最好是公证过的。（3）如果父母以未成年子女名义购房，由于部分未成年人是限制民事行为能力人，不能以自己的名义单独签订房屋买卖合同，此时需要法定代理人与其一起签署。（4）核对合同中对房屋基本状况的描述，房屋的位置、所有权人、所有权证书编号、规划用途和建筑面积等信息，检查与房产证内容是否相一致。（5）明确房屋交易所产生的税费承担方式，大额税种包括契税、交易费、营业税和个人所得税等，小额税种包括工本费、土地增值税、查档费、印花税等，如果没有的，有必要在"合同其他约定"中细化补充。（6）明确在合同签订后办理过户前，遇国家、本地区房产政策调整，造成交易费用增加时由谁来承担，如果双方解除合同，由某一方承担还是由双方按比例共同承担。（7）卖方承诺学区房的，可以落实到合同中，并约定好违约责任，形成保障，还要去当地派出所查询一下交易房屋的户籍情况，查清后，在合同中约定户口迁出的期限和户口无法按期迁出时的违约责任。（8）选择合法有信誉的中介公司。

　　新房、二手房还有一些共性的问题要注意：（1）付款。在合同中写明房屋的总价款大小写；说明签订合同前交付的定金抵作购房款；不管是一次性付款还是办理商业贷款，都要明确约定买方支付房款的前提条件和期限，例如要明确约定双方过户的时间节点，一手交钱，一手交房，另外就是保留尾款，防止二手房卖方有欠费情况。（2）定金。提到定金，一定是"定"而不是"订"，一字之差，法律效力就差远了。"定金"的作用是一种担保，依据《民法典》第587条，给付定金的一方不履行债务或者履行债务不符合约定，致使不能实现合同目的的，无权请求返还定金；收受定金的一方不履行债务或者履行债务不符合约定，致使不能实现合同目的的，应当双倍返还定金。定金不能超过房屋总价款的20%，否则一旦发生纠纷，超过的部分法院是不保护的；买方还要保留好交付定金的收据，而且要明确交付定金的时间及接收定金的主体。（3）违约责任。如果没有违约责任，合同约定得再详细也是徒劳的，因此要将违约的处理方式和违约责任承担方式约定清楚。（4）交付。详细约定房屋交付的标准并列出清单，作为合同附件，很多时候，合同中只有一条"保持房屋原样交付"一笔带过，这样就会造成看房时很满意，交接时一塌糊涂；还要约定风险转移，如该房屋毁损、灭失的风险，自房屋交付日起转移给买方，在此之前房屋灭失损毁的风险由卖方承担。

　　最后希望朋友们不掉入买房的陷阱中，拿起法律武器规避风险，买到称心如意的房子，去开启你未来的幸福之门。

5.3
美容整形手术失败怎么办?

【引言】

　　2020 年中国香港富商罗某的孙女在韩国首尔整形医院接受整形手术时陷入昏迷，紧急送医后不治身亡。近年来，因整形失败或身亡的不在少数，这也让我们看到美容手术室与 ICU 病房只有一线之隔。随着社会的进步，整容也不像过去宣传的一般，如洪水猛兽人人喊打，越来越多的人有了整容需求，通过整容寻求改变。但美容整容风险极大，医美领域纠纷频出，如何避免这类悲剧发生? 美容整形失败后，我们又能怎么办呢?

【案例】

2017年6月3日，肖某到某院美容部咨询假体隆胸术，接待人员称：医生技术娴熟，做后效果优。肖某听信后决定进行隆胸手术及疤痕修复术，于6月3日至12日先后两次缴纳医疗费共计98000元。2017年6月12日美容部对肖某全身麻醉后，进行了假体隆胸及乳房悬吊手术。术后，肖某对结果不满，并发现美容部在未被批准、无全身麻醉及隆胸手术（二级项目）资质的情况下，擅自实施手术，其行为不仅违法，且侵害了消费者的权益，双方发生纠纷。经协商该美容部向肖某退费38800元，但未对其他纠纷达成一致。于是肖某诉至法院，请求该部退还医疗费59200元，赔偿手术服务费三倍即116400元。最终，人民法院支持了肖某的全部请求。

【会有办法】

这是一个消费者维权成功的案例。医疗美容行为的目的并非救死扶伤，而是满足生活消费需求。需求人在选择医疗美容机构时有充分的选择权，符合生活消费的行为特征。本案中，肖某通过假体隆胸及乳房悬吊手术，使其形象更加完美，意在满足其特定心理需求及提高生活质量，属于生活消费，并非出于对疾病的治疗目的。该美容部向肖某提供假体隆胸、乳房悬吊手术等医疗服务，服务价格经由双方协商确定，该部开展美容服务意在牟利。

根据 2009 年卫生部办公厅关于印发《医疗美容项目分级管理目录》的通知及 2016 年修正的《医疗美容服务管理办法》规定可知，隆胸术属于二级手术项目，其开展机构需设有医疗美容科或整形外科的二级综合医院或设有麻醉科及医疗美容科或整形外科的门诊部。该部在无二级手术资质的情况下手术，显然超范围执业，且在手术前未就资质问题向肖某做出说明，属于故意隐瞒真相使消费者陷入误区，其行为应属欺诈。

依据《中华人民共和国消费者权益保护法》（以下简称《消费者权益保护法》）第五十五条，经营者提供商品或者服务有欺诈行为的，应当按照消费者的要求增加赔偿其受到的损失，增加赔偿的金额为消费者购买商品的价款或者接受服务的费用的三倍。本案中美容部在提供医疗美容服务的过程中，存在欺诈行为，应当向肖某退还治疗费用 98000 元，并支付三倍服务费。

这个案例让我们看到，近年来，消费者对微整形美容需求日益旺盛，催生了一大批无资质小作坊式的医美机构。乱象丛生的医美行业让很多消费者付出了惨痛的代价，当年"奥美定填充术"让中国 30 万女性受害，医疗美容的损害纠纷案件也日益增多。

目前，医美行业普遍存在的问题如下。

1. 医美机构无资质。

由于市场需求大、监管难，一些达不到医疗机构标准的诊所、美容院、美甲店等在未取得审批、毫无资质的情况下，有恃无恐地开展着医疗美容服务。

2. 有偿出借医疗机构资质。

有的医美机构虽有资质，但只是个空壳，它们通过非法出租有偿经营的方式将资质租给没有行医资格的社会组织和人员，出现了行业内的空挂现象。

3. 医生没有从业资格。

根据我国相关规定，医疗美容项目的主诊医师须具备执业医师资格、医疗美容主诊医师资格，需要具备 6 年以上从事美容外科或整形外科等相关专业临床的工作经历，还要经过严格的申请许可并经过医疗美容专业培训。现在美容速成培训班短短几天就让从业人员速成上岗，导致从业人员素质参差不齐。

4. 虚假广告。

多数机构存在夸大甚至虚假宣传现象。一些医疗美容机构忽略了医美的医疗属性，违反《医疗广告管理办法》规定，用新词混淆视听，将简单手法包装成新理念、新技术，经常做类似"打一针皱纹全消，年轻十岁不是梦"的夸张宣传，并擅自使用客人照片做虚假广告。

5. 医美耗材来源不正规。

由于医美市场火热，且微整形耗材价格昂贵，不在医保范围之内，这就为不法商贩提供了可乘之机。一些无生产资质的厂家生产的药物和器械通过非法渠道进入市场，药物来路不明，质量、安全令人担忧，还有些一次性医疗器械未经消毒重复使用，很容易造成交叉感染。

对于追求美的消费者，律师提醒大家：

1. 选择正规、权威、有资质的机构。

去做医美项目前要查询好机构的资质，选择正规的医院和美容院。像割双眼皮、打瘦脸针之类基础的医美项目，可以去美容机构。但更大的手术如全身抽脂、隆胸术要尽量去三甲医院。

2. 查营业执照、医疗执业许可证。

要通过各种网络工具如天眼查等查看该机构的信誉商誉。看有无行政处罚、医疗纠纷，多看评论和口碑，这一步能帮你避雷。

3. 找正规医生。

查看医生的医师资格证、执业医师证和医学美容主诊医生资格证，每个医生擅长的手术类型不一样，提前了解医生擅长的方面，看他的技术、审美是否符合你的预期。

4. 严格操作规范。

全面了解治疗方案、风险、替代方案，做到全知情。

5. 使用真实姓名签订合同。

有的消费者为保护隐私使用"化名"签订合同，这样会导致维权时举证困难。另外，签订合同时，应仔细阅读合同条款，明确双方的权利义务，对医疗机构免于承担责任的条款要特别注意。

6. 固定照片。

在诊疗术前，要固定术前、术后照片及病历材料证据，便于日后维权。

7. 充分认识风险。

医美是健康人通过医疗手段解决需求，带有消费属性。进行医美消费，要注意留存消费记录。追求美的同时一定要注意自我保护。

8. 树立正确的审美观。

"网红"在一定程度上助长了整容的歪风邪气，美的标准就像时尚趋势一样层出不穷，"白幼瘦""锁骨养鱼""反手摸肚脐""A4腰"成为所谓的"美人标配"。这些审美标准不仅影响了健康，也加剧了整个社会的"容貌焦虑"。所以，在追求美的同时，要学会正确地评价自己。

重点来了，面对纠纷，我们该如何有效维权呢？

1. 医疗机构存在无证行医、超范围经营、拒绝提供鉴定材料现象。

依据《民法典》第一千二百二十二条之规定可直接推定医疗机构存在过错。

2. 出现问题要留存病历。

保留合同、治疗方案、检查同意书、手术同意书，尽快取得美容手术记录，防止伪造篡改、违法销毁，并保存好自己手中的病历手册、票据等证据材料。这些能证明你与美容机构之间存在诊疗关系。

3. 申请司法鉴定。

司法鉴定意见是处理医疗损害纠纷的重要证据。美容整形行为是否存在过错？过错与损害后果之间有没有因果关系？这些都可以通过司法鉴定来解决，注意封存与医疗事故相关的实物，如药品、器具、血液等。

4. 做好诉前的准备工作。

注意收集证据、证人证言，由于医疗美容方面的纠纷比较复杂，专业性强，建议最好委托专业律师。

5. 美容合同是服务合同。

所谓服务合同是指双方当事人约定，一方依他方要求完成一定服务行为或客观特定的服务活动，另一方须支付服务报酬的合同。在美容服务当中，如果美容机构的行为不是通过约定表现出来的，就是一种违约行为。因违约而产生的美容纠纷，赔偿范围是返还医疗费用和赔偿损失。

6. 美容纠纷及侵权人承担的责任。

首先要有损害事实，这种损害包括三种：（1）财产损害，即美容使接受者遭受的财产损失。（2）人身损害，即美容使当事者身体的内外有形组织和各种器官的生理机能遭受破坏。（3）精神损害，是指美容给当事人造成精神上的痛苦。其次是要有过错。因侵权而产生的美容纠纷，赔偿范围基本上包括医疗费、住院费、误工损失及精神损失等。

办法就先介绍到这里。最后，律师还是要提醒大家，在越来越多"网红脸""筷子腿""蛇精腰"出现的时候，无论是整形外科行业还是全社会，都应该好好思考，到底什么是美？什么是丑？在追求美的同时，维护身体的自然美和健康最重要。

5.4 网购买到了假货怎么办？

【引言】

　　如今，网购给生活带来了极大的便利，足不出户便可以买到世界各地的商品，这种购物方式已经成为年轻人的首选。然而，人们在享受方便时也发现了网购的弊端。其中买到假货就是困扰消费者的一个大难题。不少无良商家以次充好或真假混卖，以此赚取黑心钱。不知你在网上购物时是否也买到过假货，而有时候，因为价格便宜，加上维权程序麻烦，很多人就不了了之了。但如果买到的东西价格高，如名牌包、大牌化妆品，你还会善罢甘休吗？面对这情况我们该怎么办？

【案例】

2015 年 4 月，赵先生以 3888 元的价格在江某所开的网店购买了一台手机。收到货后，赵先生发现该手机登记的颜色、激活时间都与江某在网上发布的信息不符，故要求卖家退款，遭卖家拒绝。理由是赵先生必须先退货。

当日，赵先生申请网站公司介入处理，公司确认这笔交易需由赵先生退货，卖家才退款。后赵先生将手机送验，确认该手机确属翻新机。于是赵先生以检验报告为依据，再次申请公司介入，要求卖家退款。但公司给出的结论是：本网站支持赵先生退货退款的请求，但因卖家不配合售后，无法帮赵先生追回损失，网站只能给卖家账户"描述不符"的处罚。后赵先生申请仲裁，请求裁决网站公司退还 3888 元货款。

仲裁庭认为，该公司在了解赵先生买到翻新机的事实后，虽采取了措施，但措施不足以保护受害消费者的权益。对于赵先生提出的"退还 3888 元货款"的要求，《消费者权益保护法》第四十四条规定，网络交易平台提供者明知或者应知销售者或者服务者利用其平台侵害消费者合法权益，未采取必要措施的，依法与该销售者或者服务者承担连带责任。本案中，赵先生买到的手机是假货，网站公司要求赵先生先行退换货才退还货款，属于偏袒卖家的无理霸王条款。网站公司在可以继续暂扣货款的情况下没有继续暂扣，该情形构成"未采取必要措施"直接导致消费者没有得到退款，符合《消费者权益保护法》第四十四条第三款规定，故作出裁决，网站公司承担退还货款 3888 元的连带责任。

【会有办法】

网购固然方便，但也存在不少问题。由于缺乏信用保证体系、进入门槛低、无实体店，出现消费纠纷后，有些商家采用各种手段逃避法律责任。消费者权益遭受侵害的情形比比皆是。作为消费者，买到假货时该如何维权呢？

针对这个问题，《消费者权益保护法》第三十九条规定，消费者和经营者发生消费者权益争议的，可以通过下列途径解决：（一）与经营者协商和解；（二）请求消费者协会或者依法成立的其他调解组织调解；（三）向有关行政部门投诉；（四）根据与经营者达成的仲裁协议提请仲裁机构仲裁；（五）向人民法院提起诉讼。五种维权途径，消费者可以根据实际情况自行选择。

下面，律师来告诉大家在维权中应该怎么做。

1. 如何收集有效证据？

如果发现所购买的商品是假货，第一步就是要收集证据，证明自己购买行为成立且商品是假货，可以像案例中那样向质检部门申请做质量鉴定。根据司法实践，网购纠纷涉及的证据绝大部分为电子证据，例如交易商品编号、商品图片和介绍、交易时间以及与卖家的聊天记录、付款凭证、收货信息等。

可以先用截图的方式固定证据，保留好下单截图、与卖家的聊天截图、付款支付信息截图、订单信息截图等。另外，哪怕是网购，也一定要养成索要发票的好习惯，发票应随着商品一同寄过来。

2. 如何与经营者或客户服务部门协商？

首先是找卖家协商退货，向卖家说明情况，在"售后"中点击"退款退货"，要求退款或赔偿。如果卖家不予退款，就给卖家一个差评，并配上相应的图片和文字，这样卖家有可能会主动联系你解决。

另外，可以找平台客服协商。各个购物网站都有客户服务部门处理售后交易纠纷，消费者可向网站提供假冒伪劣产品照片、与卖家的聊天记录、交易记录等相关记录进行反映。

3. 如何向消费者协会、工商部门进行投诉举报？

如果发现所购买的货物是假货，消费者也可以通过拨打12315（消费者协会）、12365（质检部门）、12331（食品药品部门）、12358（物价部门）等进行投诉举报。投诉时应阐明这些内容：（1）投诉人的基本情况，即投诉人的姓名、性别、联系电话、联系地址、邮政编码等；（2）被投诉方基本情况，即被投诉方名称、地址、电话、网址、商城等；（3）购买商品或接受服务的时间、品牌、规格、数量、价格等；（4）购物凭证、保修卡、约定书复印件等；（5）受损害的具体情况；（6）发生问题的时间及与经营者交涉的经过、结果等。

除打电话投诉外，你也可以就近到省、市、区消协投诉，或登录消协网站按要求如实填写相关投诉信息。消协接到信息后，会将投诉信息通过"电商消费维权绿色通道（直通车）平台"直接交办并督促给相关电商企业（平台）处理。最长7个工作日，市民就可得到处理回复意见。

你也可以先查询该公司的注册所在地，然后向公司所在地工商部门投诉或向第三方交易平台所在地工商部门投诉。投诉时，应提供所投诉公司的名称、地址，以及自身的诉求，相关部门将会跟进。

4.如何向仲裁机构仲裁或向人民法院起诉，请求赔偿？

根据《消费者权益保护法》第四十四条规定，消费者通过网络交易平台购买商品，其合法权益受到损害的，可以向销售者或者服务者要求赔偿。因此，如果销售者有固定的经营场所，消费者可以选择起诉销售者进行维权。

许多销售者无固定经营场所，等消费者发现货物有问题时，销售者已经不知去向。为了维权方便，法律规定消费者可以选择起诉网络交易平台进行索赔。尤其是遇到这几种情况时消费者可以起诉网络交易平台，或将平台第三方作为共同被告一同起诉：（1）网络平台不能提供销售者的真实名称、地址和有效联系方式的；（2）消费者认为商品购买页面上显示的所谓"正品保障""假一赔十"等承诺是由第三方平台发布的，该承诺信息表明第三方平台已为卖家信誉进行了背书的；（3）网络交易平台明知或者应知销售者利用平台侵害消费者合法权益，且未采取必要措施的。

根据《消费者权益保护法》的规定，经营者提供的商品或者服务有欺诈行为的，应当按照消费者的要求增加赔偿其受到的损失，增加赔偿的金额为消费者购买商品的价款或者接受服务的费用的3倍的赔偿，增加赔偿的金额不足五百元的，为五百元。如果网购平台明知或者应知销售的商品是虚假、伪劣的，却不采取措施屏蔽，需要承担连带责任。经营者明知商品或者服务存在缺陷，仍向消费者提供，造成消费者或者其他受害人死亡或者健康严重损害的，受害人有权要求经营者依照法律规定赔偿损失，并有权要求所受损失二倍以下的惩罚性赔偿。

既然网购风险重重，我们怎么才能避免买到假货呢？

1.选择访问量大、口碑好的知名网站。

正规购物网站上会有公司介绍、固定电话、邮编地址等信息，只留手机联系方式的商家，消费者应谨慎对待。

2.浏览商品，查看详细说明和送货方式。

了解商品的市场行情，切勿轻信过低的价格。

3.付款方式。建议选择货到付款，或交易平台提供的第三方付款。

即买家付款给网站后，由网站通知卖家发货，在买家收到货品并确认无误后，买家通知网站将货款支付给卖家。如果收款人是个人，消费者也应谨慎。

4.不要绕开交易平台直接与卖家交易，那样将不会有正式的交易记录，一旦出现纠纷，交易平台也无须承担任何责任。

5.网购时尽可能选择常用的电脑，不要在网吧等多人使用的电脑上进行，包括付款，以免泄露账户信息。

6.商品送到后，应先检查包装是否完好、是否与订购的商品相符合再签收。

7.在购物网站购买商品，应索取并保留好发票。

如果是通过交易平台与卖方交易，则应将交易记录、与卖家的联系记录及发货单、汇款凭证等单据保留一段时间，以便在商品发生问题时作为维权凭证。

　　最后，律师建议网购的朋友们，尽量找信誉好、商品质量有保证的网站购物，出现问题也要积极维权。让我们全体消费者积极行动起来，为建设良好的营商环境而努力。

5.5
个人信息泄露该怎么办？

【引言】

2020年，女演员张某在微博发文称自己的信息被盗用，陌生人用她的信息办了一张航空公司积分卡。张某十分气愤，直接对航空公司的信息审核提出质疑，并对身份信息被盗用的后果产生担忧。

不知道你有没有这样的烦恼，在买房之后频繁接到贷款、装修电话；生孩子之后就会接到推销家政、月嫂的电话；有些电话还精准地知道你的住址、工作单位和消费记录等信息。每当这个时候，我们都只能挂断电话，但却不能终止这种骚扰。面对个人信息被泄露这种情况我们该怎么办？

【案例】

　　黄某某、刘某某系夫妻关系。黄某某因车祸致偏瘫属二级残疾，生活无法自理。刘某某一人挣钱照顾丈夫及年幼的孩子。2013年起享受政府低保待遇。

　　2016年7月，某市某区民政局工作人员致电刘某某，告知在低保户待遇核查中发现其二人均有由某设计院下属公司代为缴纳的个人所得税，责令其二人作出说明。

　　经查询，黄某某、刘某某的姓名及居民身份证号码等公民个人信息系吴某某非法盗用，并提供给某设计院下属公司使用。黄某某、刘某某认为，吴某某与该公司共同盗用其二人个人信息的行为，给他们的精神、名誉造成了巨大伤害。故请求依法判令某设计院下属公司赔偿相关精神损害抚慰金并登报向黄某某、刘某某赔礼道歉。该案经法院调解，当事人自愿达成协议：该公司支付给黄某某、刘某某精神损害抚慰金人民币13000元，赔偿款5000元，并在《湄洲日报》上刊登赔礼道歉文章。

【会有办法】

　　这是一起单位盗用自然人信息的案件，该单位未经公民允许，将公民的个人信息盗用，构成了侵权行为，不仅构成侵权，也给他人名誉造成损害，还险些让被害人取消低保待遇。单位为此也承担了赔礼道歉、赔偿精神损失等责任。因此公民在日常生活中，应有意识地保护个人信息安全，不给不法分子以可乘之机。可是，万一我们碰到案例中类似的情况，该怎么办呢？

首先我们来了解一下，什么是个人信息，都包括哪些内容。

个人信息是指以电子或者其他方式记录的能够单独或与其他信息结合识别特定自然人的各种信息。它包括自然人的姓名、出生日期、身份证号码、生物识别信息、住址、电话号码、电子邮箱、健康信息、行踪信息等。它的性质包括人格权和财产权。

遇到个人信息被盗用、贩卖的情形时，我们可以这样做。

第一步，先取证。可以采取录音、录像、公证等方式取证，并向公安机关报案。

第二步，依法要求信息处理者、信息登记者、机构运营者对擅自使用的个人信息进行删除，说明原因，追究责任。

第三步，区分这些信息是否属于私密信息，如果属于私密信息，应当适用有关隐私权的规定，不属于私密信息，则适用个人信息保护的规定。应运用相关的法律正当维权。

与个人信息密不可分的一个概念，就是"隐私"。所谓隐私，是指自然人的私人生活安宁和不愿为他人知晓的私密空间、私密活动、私密信息。如个人住所、个人身体的缺陷、夫妻生活、家庭成员信息等。而隐私权，是指自然人享有的私人生活安宁和不愿为他人知晓的私密空间、私密活动和私密信息等私生活利益的权利。《民法典》第一千零三十二条规定，自然人享有隐私权，任何组织或者个人不得以刺探、侵扰、泄露、公开等方式侵害他人的隐私权。

关于侵害他人隐私权的情形，《民法典》第一千零三十三条规定，除法律另有规定或者权利人明确同意外，任何组织或者个人不得实施下列行为：（一）以电话、短信、即时通信工具、电子邮件、传单等方式侵扰他人的私人生活安宁；（二）进入、拍摄、窥视他人的住宅、宾馆房间等私密空间；（三）拍摄、窥视、窃听、公开他人的私密活动；（四）拍摄、窥视他人身体的私密部位；（五）处理他人的私密信息；（六）以其他方式侵害他人的隐私权。这些都属于侵犯隐私权。

而当我们的隐私权受到侵害时，依据《民法典》第九百九十五条的规定，人格权受到伤害的，受害人有权依照本法和其他法律规定请求行为人承担民事责任。受害人的停止侵害、排除妨碍、消除危险、消除影响、恢复名誉、赔礼道歉请求权，不适用诉讼时效的规定。侵犯隐私权的诉讼时效是三年，但你的人格权受到了侵犯，是不受三年诉讼时效的限制的。比如说，有人欠你钱不还，那么在到期之日起三年后，诉讼时效就到了，你的债权就不受法律的保护了。但是如果有人侵犯了你的人格权，比如说生命权、身体权、健康权、姓名权、名称权、肖像权、名誉权、荣誉权、隐私权等权利，是不受三年时效限制的。

居民身份证与人们的社会生活息息相关，是对外活动的唯一凭证，用途很广，万一不慎丢失，该怎么办呢？

1. 到公安局报案挂失，开具证明。

挂失后的身份证仍然是可以使用的，但这种办法可以减小损失。

2. 更改密码。

个人信息往往和银行账号、密码等重要的信息联系在一起。一旦信息泄露，应立即冻结账号、更改密码，避免造成经济损失。

3. 报案。

个人信息一旦泄露，应该报警。报案的目的一来是保护自己的权益，二来也是可以备案。一旦有更多的人遇到和你类似的情况，就可以一起处理。这样不仅能维护自己的权益，还可以避免更多损失。

4. 起诉。

如果个人信息泄露，而且知道线索，就可利用法律武器维权，到法院起诉，要求不法分子承担责任。

5. 收集证据。

在信息泄露后，很容易收到各种邮件，接到天南海北的电话。这时候要留心，记下对方的电话或邮箱地址等信息。可能这些信息很琐碎，但也可能从中找到规律和线索，一旦收集好证据，不仅能帮助自己维权，还可能帮助更多的人。

6. 提醒亲朋好友防止被骗。

个人信息泄漏后，不仅你的账号被盗用，甚至还可能会骗到你的亲朋好友。所以一旦信息泄露，一定要第一时间通知你的亲朋好友倍加防范。

7. 若产生不良信用记录要报案。

若个人身份证被盗用进而产生了不良信用记录，可报案或由法院裁定，确属因身份证被盗用而产生不良信用记录，当事人的不良信用记录可在银行征信系统予以消除。

律师建议大家一定要保存好、保护好自己的信息。

1. 谨慎使用个人证件。

如在身份证复印件上注明"仅供办理 ×× 业务"或在

身份证复印件的正面盖上一个章，注明适用的范围或者在复印件的边上注明用途。

2. 使用的电脑、手机等电子设备要使用安全密码。

3. 对于免费的无线网络，最好不要轻易使用，尤其是公共场所开放式的网络链接。对于陌生电话，不要轻信。

4. 不要随便在网站或公共场所提交个人信息。

对于不信任的活动不要参与，比如性格测试、投票获奖、积攒获奖品、筹款治病、拼团买水果、帮忙砍价、转发免费送、转发免流量等，平台都是通过这些活动来收集个人信息的。不要轻信不规范的市场调查，比如培训学校通过问卷调查的方式，可收集到大量的学生及家长信息。

5. 谨慎玩微信。

提醒大家在日常生活中要提高保护隐私和个人信息的安全意识，维护自身隐私和个人信息安全，谨慎玩微信，不要在微信朋友圈中发布个人的出行信息，未成年子女、老人和家庭成员的信息。

6. 在商务活动中，可与商家订立保密协议。

如申请会员、办理相关证卡时，可与企业约定保密责任或单点对接可靠的客户经理。

女性朋友们，我们现在正处在"互联网＋大数据"时代，网络发展迅速，但互联网的虚假信息、虚假消息也不断挑战着人们的道德底线。因此我们要提高防范意识，俗话说"小心能使万年船"，大家要行动起来，不但要做好个人信息的保护，还要打击故意泄露和侵犯公民信息的行为，靠我们的努力更安全地享受互联网带来的益处。

5.6
一个人住酒店该留意些什么？

【引言】

　　某互联网公司一女员工曾在网上发帖，称自己在陪同领导出差，晚上与领导及客户吃饭时，被酒桌上多人劝酒甚至灌酒，当自己意识模糊时，客户中的一名男子公开在饭桌上对其动手动脚，之后又将其带到无人包间内进行猥亵。

　　据被侵害女子称，当晚，公司领导偷偷办理了一张她房间的房卡，并先后潜入房间四五次，对不省人事的她进行侵害。第二天醒来，发现散落满地的衣物后，她才明白发生了什么事情。

　　这件事引发了许多网友的关注，尤其是女性网友，对她们这次发生在酒店的职场性侵害事件表示愤怒。女性本身在职场中就属于相对劣势的一方，由于工作需要，出差和应酬难以避免，在这种情况下，女性更应该时刻注意自身的安全。这种事情绝不是个例。那么当一个人住酒店的时候，怎么做才能最大限度地保护自己呢？

【会有办法】

一人出差在外，独自住酒店，或者多人出差，只有自己一名女性独自居住，对于这种情况，律师有如下建议。

1. 谨慎选择入住酒店，避免入住人员混杂、环境偏僻、存在严重安全隐患的宾馆和快捷酒店，以免遭受人身伤害。

人们出行一般都会选择网上订酒店，选择的标准要么是经济实惠、要么是离办公地点近，有时网上的地址和信息介绍与实际相差很远，这样就会存在隐患。因此律师建议，网上预订酒店，首先要选择口碑好的正规酒店，最好是星级酒店。这样的酒店一般都会在官网上发布保护客人隐私的说明文件，订酒店时记得确认一下。此外还要搜索酒店是否有过不良记录，是否发生案件等，这些酒店应列入你的"黑名单"。

2. 不要泄露个人信息。

一人居住时房间号码要保密。办理住宿不要选择走廊的最后一间房。有外人来访尽量不要到房间，不要让他人知道你是一个人住。在入住酒店时，应要求服务员写下房号而不是说出房号，并要求前台对信息保密，如果服务员说出房号即刻要求换一间房。切忌在公众场所展示自己的房卡和钥匙。不可对任何人泄露，包括假借朋友之名询问探望的人。

千万不要小看信息保密的重要性，曾有个案例，女住客入住酒店办理登记时，没有警惕心，前台工作人员说出她的房间号后，在叫餐时，送餐人员将写有她姓名、联系方式、房间号的卡片及餐点，直接放在了她的房门口。可怕的是，一个陌生男子看到了这张卡片，拿着它去前台，谎称自己是房客的丈夫，索要备用房卡。还好工作人员谨慎，拨打了房客的电话进行确认，才避免了危险的发生。因此，信息的泄露就是危险发生的导火索。

3. 检查房间。

入住酒店以后，要检查房间各个角落。首先检查门后是否有防盗锁，是否能够反锁。如果不放心，可以利用房间内的物品对门进行"加固"，例如衣架、酒杯等，放到防盗链上，一旦有人开门，就会有动静。如果无防盗锁就一定要在门把手上放置玻璃杯，若从外推门进来玻璃杯就会掉到地上吓退来者。其次，检查窗户是不是关闭的，再用手指检测玻璃，如果指甲间没有距离就是双面镜，有距离才是单面镜。最后，也是最重要的，要检查房内是否有隐藏的摄像头。方法很简单，将屋内的窗帘拉上，所有灯都关掉，环视房间四周看是否有光点。或打开手机的相机功能，关闭闪光灯，然后用手机相机扫视所有可能藏有摄像头的地方，如果存在针孔摄像头，那么手机上就会出现粉色光点。这样做是避免自己的隐私被人偷拍，也避免信息被泄露。

4. 确认逃生通道。

进入酒店后，先查看安全门和安全通道，最好试走一次，以备危险时刻迅速离开，同时还应注意周围的安全逃生出口及紧急电话联络系统，这主要是为了应付着火或者地震等情况，如果遇到歹徒，不要一个人走安全通道，在空无一人的空间，会发生什么，是否有陷阱，谁也不知道。

5. 记下前台电话，明确求助人的联系方式。

拿纸笔记下前台的电话（一般是短线），并在房间电话上设置快捷拨号键，保证能够迅速拨通警方、前台的电话。手机保持 24 小时畅通，为了以防万一，可以把基本情况通报给家人，这样遇到紧急情况，家人可以在最快的时间到达酒店。入住前，应立即存入离酒店附近的派出所的报警电话，拨打 110 要花费时间说明情况转接，时间就是生命。另外还要确保酒店电话畅通，报警及时。

6. 对敲门、陌生来电谨慎处理。

房间内电话响起，有可能是其他房间的住客假借前台之名要求开门，直接敲门的也有可能是这样。面对这种情况，一定要检查电话号码，谨慎接听。开门前一定要通过猫眼确认是不是酒店服务人员。当有人敲门或者门口有异常声音时，一定要先通过猫眼查看门外的情况，确认敲门的人是否认识，如果只听到声音，并未发现门外有人，最好不要轻易出门，可以打电话给酒店前台，让他们查看。

7. 点外卖不要透露房间号。

有时候住在酒店，吃饭会是个问题，点外卖的话，不要透露房间号给外卖员，可以打电话让外卖员将餐食放到前台，让工作人员送上来或者下楼自取。

8. 乘电梯的注意事项。

晚上尽量不要独自一人在楼道内走动，使用酒店电梯时，尽量要一人进出，遇到两个人同在电梯时，要时刻关注周边环境，站在控制按钮旁，遇到问题立即按下警报器求助。如果发现有人尾随，立即掉头往电梯方向走，必要时大声呼救。毕竟出门在外的人很多，难免会遇到一些居心叵测的人，一旦坏人记住你的房间号，就算不会对你造成伤害，被尾随也是一件很可怕的事。

9. 不方便时怎么报警？

提前编辑好报警信息。比如处于危险时刻，你不敢出头或不能出声，无法电话报警，就可以将编辑好的短信注明地点等信息发送到 12110+ 区号后三位。如在上海就发送：12110021，这样短信就会很快到所在地公安局110报警平台，过一会儿警察就会赶到了。

10.被劫持了怎么办？

一旦被劫持，条件允许的话，要使劲砸玻璃、镜子甚至灭火器玻璃，或者抢夺旁观者的手机砸掉，尽量让事件升级，一旦触及酒店或者看客的利益，那些以为是小夫妻吵架的酒店经理和服务员以及旁观者就无法袖手旁观。要知道，大喊"抓流氓"或者"着火了"，比高呼"抓人贩子"更有效，尽量引起别人注意，一定要撇清同歹徒的关系，说明"他连我名字都不知道"，这比大喊"我不认识他"更有说服力。一旦寻到空隙，立即打电话报警或找前台求助。

11.反抗技巧。

当被人挟持时，有栏杆就死死把住栏杆，或尽量贴地躺下，这样的话不容易被拖走。先请求过路人帮忙报警，再大声呼救，同样要记得撇清和歹徒的关系。要尽量保持口鼻自由，如果没有求救机会，和歹徒硬拼是不明智的，首先要确认歹徒是否携带刀具等，情况允许，尽量攻击歹徒眼睛或者下体，一旦获得机会就立刻求救。

随着交通越来越便利，人们出行也越来越方便，所有出差或者出游的人都需要住酒店，住酒店要时刻注意自身安全，只有保证了自己的安全，才能享受一个美好的旅程，才能把工作完成得更加出色。对于酒店这样一个临时落脚的地方，我们应该提高警惕，尽量避免意外的发生。